ECOLE
MILITAIRE.
TOME SECOND.

ECOLE
MILITAIRE
OUVRAGE
Composé par ordre du
Gouvernement.
TOME SECOND.

A PARIS,
Chez Durand, Libraire, rue
du Foin.

M. DCC. LXII.
Avec approbation & privilége du Roi.

ÉCOLE MILITAIRE

1586.

LE DUC DE MAYENNE, frère du duc De Guise, chargé de faire la guerre aux Calvinistes, attaque Castillon en Gascogne, avec une armée & une artillerie très-considérables. Il le prend enfin, après avoir langui trois mois devant cette bicoque, & y avoir dépensé plus de quatre cent mille écus. Le vicomte De Turenne la reprend quelque-temps après par escalade, & il ne lui en coûte qu'une échelle de quatre livres. Cet événement, qui occupe plus les esprits que naturellement il ne le devroit, fait dire que *les Huguenots sont meilleurs économes que les Catholiques* D'Aubigné.

1586.

La campagne du duc De Mayenne n'ayant pas répondu aux espérances de son parti, ce général se plaint que la cour ne lui a fourni ni hommes ni argent. Il publie même un écrit, dans lequel il prétend prouver que, malgré les traverses qu'il a essuyées, il n'a pas laissé de faire d'assez grandes choses.

Ce manifeste est trouvé également ridicule par tout le monde. Les Huguenots en particulier y opposent mille satyres, plus cruelles les unes que les autres. Mais ce qui doit piquer Mayenne plus sensiblement, c'est la malignité avec laquelle on lui reproche que ses belles actions se réduisent *à avoir enlevé de Guyenne une jeune dame de la première naissance* : reproche qui n'est que trop bien fondé. *Vie du duc De Mayenne.*

1586.

Henri III donne une armée,

contre les Huguenots, à commander au duc De Joyeuse, un de ses mignons, lequel s'engage à raser toutes les villes protestantes, à en exterminer les habitans, à joindre le roi de Navarre, à le battre, & à le mener pieds & poings liés à la cour. Ce général, après quelques petits succès dans l'Auvergne, dans le Vélai & dans le Gévaudan, se met en marche pour aller assiéger la ville de Milhaud dans le Rouergue. Saint-Auban, qui y commande, lui mande qu'*il peut se passer de mener de l'artillerie, qu'il lui fera lui-même telle brèche qu'il voudra.* Cette rodomontade arrête tout court le présomptueux & inexpérimenté Joyeuse. Il met ses troupes en quartier de rafraîchissement aux environs de Rodez, & renvoie l'expédition projettée à un autre temps. *Histoire générale de Languedoc.*

1586.

" Un enfant de bonne maison

» de la Rochelle, méprisant un pau-
» vre soldat de la colonelle, l'avoit
» outragé dans le corps-de-garde,
» quoiqu'il fût anspessade de la com-
» pagnie, & en droit de lui com-
» mander, en usant de ces paroles
» dédaigneuses : *Je ne te connois
» point pour me commander.*

» Les capitaines sortis d'Oleron
» & assemblés en conseil de guerre
» sur cette désobéissance, avoient
» condamné ce fils de bourgeois,
» après qu'il eut confessé avoir été
» mené deux fois en faction par le-
» dit anspesade, à être passé par les
» armes; mais, à la prière des en-
» seignes, la sentence fut modérée
» à être dégradé des armes, &
» cassé.

» Une tante de ce soldat, ayant
» trouvé accès auprès du roi de
» Navare, par le moyen d'une sien-
» ne cousine fort jolie, lui exposa
» la rigueur dont on en avoit usé en-
» vers son neveu. Ce prince en-
» vieux prit cette occasion au poil

» pour faire un affront à D'Aubi-
» gné. Il l'envoya, pour cet effet,
» chercher par un huissier du con-
» seil. Lui, croyant que c'étoit pour
» prendre son avis sur l'approche
» du maréchal De Biron, fut bien
» étonné à son arrivée, quand il vit
» le condamné accompagné du mai-
» re Guiton & de vingt autres pa-
» rens qui attendoient à la porte
» du conseil.

» Dès que D'Aubigné parut, le
» roi se mit à lui faire force révé-
» rences de risée, en disant : *Dieu*
» *vous garde, Sertorius, Manlius*
» *Torquatus, Caton le censeur ; &,*
» *si l'antiquité, a encore quelque ca-*
» *pitaine plus révéré, dieu garde en-*
» *core celui-là.* Le compagnon, pi-
» qué de cette raillerie, répondit sur
» le champ : *S'il est ici question d'un*
» *point de discipline, contre laquelle,*
» *sire, vous êtes partie, permettez-*
» *moi de vous récuser.* Ce que le roi
» voulant bien, il passa dans une
» autre chambre. Après quoi,

» D'Aubigné, sans vouloir s'af-
» seoir, n'allégua pour toutes rai-
» sons de la sentence qu'il avoit
» prononcée, que le déni d'obéissance
» du soldat à son anspesade, & se
» tut.

» Monsieur De Voix, alors qui
» présidoit à ce conseil, ayant re-
» cueilli les voix, commença par
» faire un grand remerciement à
» D'Aubigné, & l'encouragea à main-
» tenir la discipline, ajoutant : Une
» seule chose avons-nous à corriger
» à votre jugement ; c'est qu'après
» avoir condamné si justement à
» mort un rebèle en fait de service,
» vous ayiez pris la liberté de com-
» muer sa peine ; ce qui n'appartient
» qu'au général.

» D'Aubigné, bien aise de n'être
» censuré que pour sa clémence, re-
» montra au conseil, qu'en qualité
» de gouverneur d'Oleron, de la
» mer dont il étoit environné, &
» de commission qui lui donnoit
» le pouvoir de fondre artillerie &

» de livrer bataille, il avoit pu ac-
» corder ce pardon : de laquelle
» chose tout le conseil convint ; &
» le roi fut honnêtement & copieu-
» sement censuré de l'éloignement
» qu'il marquoit avoir pour la po-
» lice & le juste gouvernement qui
» devoient être observés dans les
» troupes. « *Histoire de Théodore
Agrippa D'Aubigné, écrite par lui-
même.*

1586.

Le célèbre navigateur Anglois, François Drack, attaque & prend Saint-Domingue. Il y apprend tout ce que les Espagnols ont exercé de cruautés dans cette partie considérable du nouveau monde. On finit les détails où on entre avec lui, par une chose qui peut-être n'a jamais eu d'exemple. C'est que parmi ces insulaires, les hommes en étoient venus jusqu'à ce point de désespoir, que, pour ne pas mettre au monde des enfans qui fussent la victime du conquérant, ils avoient tous résolu, de concert, de n'avoir aucun commerce avec leurs femmes; ce qui avoit fait en peu de temps un défert de cette ifle fi peuplée. *De Thou.*

1586.

Les confédérés des Pays-Bas ne fe fentant pas en état de réfifter à la puiffance Efpagnole, & ne pouvant attendre nul fecours de France, fe mettent fous la protection de l'Angleterre. Elifabeth leur envoie le comte De Leycefter pour les gouverner. Il eft accompagné par Edouard Stanley, qui fait à l'attaque d'un des forts de Zutphen, où il y a trois cent hommes, une action auffi hardie qu'aucune qu'ait vanté l'antiquité.

On pouffe de la place une pique contre lui pour le tuer. Il la prend des deux mains, & la retient avec tant de force, que les Efpagnols la voulant retirer à eux, le tirent lui-même dans le fort. Il met sur le champ l'épée à la main, écarte tout ce qui se présente, étonne la garnison, & donne aux siens le temps de monter à l'assaut & de s'établir dans leur conquête. *Camden.*

1586.

De Vins, gentilhomme Catholique de Provence, attaque, contre la foi des traités, les Calvinistes de son voisinage, qui appellent Lesdiguières à leur secours. Ce grand capitaine, ami de tous les temps de l'aggresseur, le prie de ne le point forcer d'en venir aux extrémités avec lui. Les menaces d'un homme qui ne menace guère en vain n'intimident pas le brave De Vins, qui renvoie le trompette avec ce mot seulement : *Dites-lui qu'il vienne.*

Lesdiguières se met aussi tôt en marche, en prenant les précautions convenables avec les capitaines qu'on a raison d'estimer. Quelques-uns des siens le pressant avec trop de vivacité de doubler le pas, il répond froidement qu'*il va à la guerre & non à la chasse.* Une victoire complette est le prix d'une conduite si sage. Il écrit du champ de bataille à sa femme : *Ma mie, j'arivai hier ici ; j'en pars aujourd'hui ; les Provenceaux sont défaits. Adieu.* Histoire du connétable De Lesdiguières.

1587.

Le Monestier, gentilhomme Catholique de Provence, fortifie son château, & y met une garnison, quoiqu'il se soit engagé à ne faire ni l'un ni l'autre. Lesdiguières lui envoie un ami commun pour lui signifier que, s'il ne répare ses torts sans délai, il l'enterrera, lui & les siens, sous les ruines de sa place. Le Monestier, un des plus intrépides guerriers de son temps, après avoir paisiblement écouté le médiateur, lui tend froidement le bras : *Mon gentilhomme, lui dit-il, tâtez si le poulx me bat pour toutes menaces de Lesdiguières; il fera comme bon lui semblera.* Histoire du connétable De Lesdiguières.

1587.

LE duc De Joyeuse, chef de l'armée Catholique, se croyoit si sûr de vaincre le roi de Navare, qu'avant de se mettre en campagne, il avoit obtenu du pape la confiscation des souverainetés de ce prince. Il est aisé de penser que cette présomption le détermine à chercher l'occasion de combattre les Calvinistes : il la trouve à Coutras, & engage la bataille.

Comme on est sur le point de se charger, le ministre, qui, suivant l'usage des protestans, doit faire la prière, dit publiquement à Henri que le ciel ne bénira point ses armes, s'il n'efface le scandale qu'il a donné en débauchant à la Rochelle une fille de condition, & s'il ne rend à cette famille distinguée l'honneur qu'il lui a ôté. Quoique le roi de Navarre eût pu trouver la remontrance déplacée, il se met à genoux, demande pardon de sa faute, & jure que, s'il échappe aux dangers qu'il va courir, il fera aux offensés toutes les réparations qu'ils pourront souhaiter. *Peréfixe, histoire de Henri IV.*

Cette soumission, également politique & chrétienne, est suivie de la prière générale. Le duc De Joyeuse, voyant les protestans à genoux, s'écrie en se moquant d'eux : *Ils sont à nous ; ils tremblent, les poltrons ! Non, non, monsieur, n'en croyez rien,* lui dit De Vaux : *ils font maintenant les dévots ; mais ils combattront tantôt comme des lions.* D'Aubigné.

Avant le commencement de l'action, le roi de Navarre se tourne vers les princes De Condé & De Soissons, & leur dit, avec cette confiance qui précède la victoire : *Souvenez-vous que vous êtes du sang de Bourbon : & vive dieu ! je vous ferai voir que je suis votre aîné. Et nous,* lui répondent-ils, *nous vous montrerons que vous avez de bons cadets*. Matthieu.

Au commencement de la bataille, les Gascons sont enfoncés, & plient sans beaucoup de résistance. Comme Henri les louoit ordinairement avec excès, les soldats de Saintonge & de Poitou, qui en étoient blessés, se mettent à crier avec Montausier : *Au moins on ne dira pas que ce soient là ni des Poitevoins ni des Saintongeois*. Les Gascons frémissent de rage ; mais toute la vengeance qu'ils prennent, est de surpasser, comme ils font, ces vaillans hommes. *D'Aubigné*.

Henri s'appercevant, dans la chaleur de l'action, que quelques uns des siens se mettent devant lui, à dessein de défendre & de couvrir sa personne, leur crie : *A quartier, je vous prie ; ne m'offusquez pas, je veux paroître*. En effet, il enfonce les premiers rangs des Catholiques, fait des prisonniers de sa main ; & en vient jusqu'à colleter le brave Casteau-Regnard, cornette de gendarmes, lui disant, d'un ton qui n'est qu'à lui : *Rends-toi, Philistin*. Perefixe.

L'armée Catholique étant battue, Saint-Luc, un de ses principaux officiers, sauve ses jours par une présence d'esprit qui est fort remarquée. Rencontrant Condé, qui poursuit la victoire avec beaucoup d'ardeur, & sentant bien qu'il n'y a point de quartier à espérer pour lui, s'il tombe entre les mains de ce prince qui le hait si fort, il pique à lui, la lance en arrêt, le renverse de cheval du coup qu'il lui porte dans la cuirasse ; &, mettant en même temps pied à terre, lui présente la main pour le relever, en lui disant : *Monseigneur, je me fais votre prisonnier*. Condé, qui étoit né généreux, change, sur le champ, sa haine en amitié, lui répond en l'embrassant avec de grandes marques d'estime, & le fait mettre en lieu de sureté. *Matthieu*.

Les fuyards ayant fait halte, quelqu'un imagine que le maréchal De Matignon, qui commande une autre armée Catholique, paroît, & il débite cette conjecture comme une vérité incontestable. *Allons, mes amis*, dit Henri avec une gaité extraordinaire, *ce sera ce qu'on n'a jamais vu, deux batailles en un jour*. Perefixe.

Le roi de Navarre, après la victoire, soupe au-dessus d'une sale où est déposé le corps de Joyeuse, tué dans l'action. On s'avise de lui présenter les bijoux & autres magnifiques bagatelles du voluptueux mignon: il dédaigne d'en faire usage. *Il ne convient*, dit-il, *qu'à des comédiens de tirer vanité des riches habits qu'ils portent. Le véritable ornement d'un général est le courage & la présence d'esprit dans une bataille, & la clémence après la victoire*. Le Grain, décade de Henri le grand.

L'amiral De Coligni avoit enseigné au roi de Navarre à mettre, dans les batailles, des arquebusiers à côté des diverses troupes de cavalerie. Leur emploi étoit d'attendre, de pied ferme, la cavalerie ennemie, & de ne tirer sur elle que de vingt pas, pour le faire plus sûrement. On choisissoit, pour cela, des soldats résolus à être foulés par les chevaux, en cas de déroute. Ces pelotons étoient seulement de cinq de front, & de quatre de rang. Les premiers étoient ventre à terre, les seconds sur un genou, les troisièmes penchés, & ceux de derrière debout, pour que tous pussent faire en même-temps leur décharge. Cette infanterie fait des miracles à Coutras, abbat beaucoup de gendarmes de l'armée Catholique, avant qu'ils soient arrivés à la longueur des lances, & contribue infiniment à la victoire des Protestans. D'Aubigné.

1587.

LES Protestans d'Allemagne viennent au secours des Calvinistes de France. Le chef de la ligue Henri duc De Guise, qui est à Montargis, avec ses troupes, est averti que la tête de cette armée d'étrangers eſt à Vimori, bourgade du Gâtinois, éloignée d'une lieue & demie. Sur le champ il imagine qu'il enlèvera aiſément de nuit ce quartier; que les autres, en quelque endroit qu'ils ſoient, entendant l'allarme, & craignant d'être attaqués en même-temps, penſeront plutôt à ſe fortifier dans leur poſte, en attendant le jour, qu'à marcher, dans les ténèbres, au ſecours de leurs compagnons; qu'après avoir défait un corps, il pourra enſuite attaquer les autres, & mettre en déroute toute l'armée; & qu'après tout, quand il manqueroit ſon coup, il a toujours ſa retraite aſſurée à Montargis.

Sur cela, le duc ſe lève bruſquement de table, fait ſonner le bouttefelle, & commande qu'on ſoit prêt à marcher au plutard dans une heure. Le duc De Mayenne, ſurpris d'un ordre ſi imprévu, lui demande où il veut aller : *Combattre l'ennemi*, lui répond-il froidement. Et, après avoir exposé en peu de mots les raisons de son entreprise, il ajoute que, si quelqu'un la trouve un peu trop hasardeuse, il peut se dispenser d'en être. Elle peut sans doute réussir, dit Mayenne, & nous vous suivrons ; mais il me semble que c'est aller un peu vîte, & qu'il y faudroit bien penser auparavant. *Sçachez, mon frère*, réplique Guise, d'un ton plus élevé qu'à l'ordinaire, *que je ne résoudrois pas, en y pensant toute ma vie, ce que je n'aurai pu résoudre en un quart d'heure.*

Là-dessus il s'arme, monte à cheval, est suivi gaiement de tout ce qui est autour de lui, tombe sur les Allemands qui ne s'attendoient pas à cette visite, les bat complettement, & se fraye un chemin à un avantage décisif qu'il remporte peu de temps après sur eux, à Auneau dans le pays Chartrain, & qui les force à sortir du royaume. *Mémoires de la Ligue.*

1588.

Les succès du duc De Guise enhardissent les Ligueurs, aigrissent les Royalistes, & portent à son comble la haine des deux partis. La journée des barricades, où les bourgeois de Paris & la garde de Henri III en viennent aux mains, en est une preuve terrible.

Dans l'instant de la plus grande fermentation, le comte De Brissac est envoyé, par le duc De Guise, à Stafford, ambassadeur d'Angleterre, pour lui offrir une sauvegarde. Ce ministre répond que, s'il étoit en France comme simple particulier, il accepteroit volontiers l'offre du duc De Guise; mais que, se trouvant revêtu de la qualité d'ambassadeur d'une grande princesse, il ne veut ni ne peut accepter de sureté d'autre part que de celle du roi.

Brissac en vient ensuite au principal sujet de sa commission, & demande à Staffort s'il n'a point d'armes dans son hôtel, comme tout Paris le soupçonne. *Si vous me faisiez cette question en qualité de mon ami,* lui répond l'ambassadeur d'un air riant, *peut-être pourrois-je vous dire ce qui en est.*

L'envoyé avertit alors Staffort qu'il court risque de se voir investi, en un moment, par une populace furieuse qui viendra fouiller son hôtel, & qu'il lui conseille de le fermer : *Voyez-vous ces deux portes ?* lui dit l'ambassadeur d'un ton animé, *Sçachez que, si on vient m'attaquer, je suis résolu de les défendre jusqu'à la dernière goutte de mon sang.* Mémoires de la Ligue.

1588.

PIERRE Ernest, comte de Mansfeld, forme le projet d'assiéger Vaktendonc, ville de Gueldre. Ses amis veulent le détourner de cette entreprise, sous prétexte que la place est située au milieu des marais, & que la saison est extrêmement avancée. Le général est inébranlable. Il compte sur l'effet des bombes, inventées depuis peu de jours par un homme de Venlo, qui se mêloit de faire des feux d'artifice. En effet, la garnison & les bourgeois, effrayés de ces boules dont on se sert pour la première fois, qui écrasent leurs maisons, & qui répandent de tous côtés une flamme difficile à éteindre, ne font qu'une foible résistance. Cet art destructeur se perfectionne avec le temps, & donne naissance aux grenades, aux pots à feu, & à plusieurs autres machines très-meurtrières. *Strada.*

1588.

LES Espagnols attaquent Berg-op-Zoom, défendu par Morgan, Anglois brave, actif & intelligent. Comme le duc de Parme n'ignore aucune des difficultés de l'entreprise, il veut l'abréger & en assurer le succès en gagnant Grimpston & Rheadheab, deux Anglois de la garnison qu'on croit médiocrement délicats, & peu affectionnés à la caufe qu'ils défendent.

Ces deux hommes, qui aiment mieux l'argent de leur commandant que celui des Efpagnols, lui découvrent les propofitions qu'on leur a faites. On trouve bon qu'ils les acceptent, & ils fe rendent au camp. Après les éclairciffemens convenables, ils fe mettent en chemin avec quatre mille hommes. Ils marchent à la tête du détachement entre deux foldats armés d'un poignard & autorifés à les égorger, s'ils s'apperçoivent de la moindre tromperie, ou fi on n'eft pas introduit dans la fortereffe.

On y pénètre en effet : mais, dès qu'il y en a quarante d'entrés, on laiffe tomber la couliffe. Les Efpagnols qui font dans la place n'ofent tuer leurs guides, dans la crainte d'être traités avec beaucoup de févérité ; & ceux qui font fous les murs font obligés de fe retirer après avoir fouffert une perte considérable. *De Météren.*

1588.

Les Portugais étant en guerre dans l'isle de Ceylan, Thomas De Sousa fait prisonnière une jeune & belle personne qui vient d'être promise à un homme grand & bien fait. L'amant, instruit de ce malheur, ne tarde pas à aller se jetter aux pieds de son amante, qui se précipite avec transport dans ses bras : ils confondent leurs soupirs & versent des torrents de larmes. Leur malheur leur interdisant l'espoir de vivre libres ensemble, ils se jurent de partager toutes les horreurs de l'esclavage.

Sousa, né sensible, est attendri par ce spectacle. *C'est assez*, leur dit-il, *que l'amour vous impose des chaînes ; puissiez-vous les porter jusqu'au dernier jour de votre vie ! Allez, vivez heureux ; je vous affranchis de mes fers.*

Les deux amans se jettent à ses

genoux. Ils s'attachent pour toujours à leur généreux libérateur, & veulent vivre sous les loix d'une nation qui sçait user si noblement de sa victoire. *La Clède, histoire de Portugal.*

1589.

LESDIGUIERES attaque la tour de Moyranc. La brèche lui paroissant raisonnable au bout de quatre jours, il tente un assaut, qui est soutenu avec toute l'intrépidité possible. Durant la plus grande chaleur de l'action, un trompette hardi monte par une échelle, gagne le lieu le plus élevé de la tour, sonne la charge, & jette une si grande consternation parmi les assiégés, qu'ils se précipitent dans les fossés. On en fait une boucherie horrible ; &, de trois cens qu'ils sont, il n'en échappe que deux. *Histoire de Lesdiguières.*

1589.

HENRI III, réduit, par l'orgeuil
&

& les entreprises des Ligueurs, à se jetter entre les bras des Calvinistes, est excommunié par Rome. Comme ce foible prince paroît fort allarmé de cette odieuse hardiesse, le roi de Navarre lui dit, aussi sagement qu'agréablement, qu'il y a à cela un fort bon remède. *Et c'est, sire,* ajoute-t-il avec sa gaieté ordinaire, *que nous vainquions, & au plutôt ; car, si cela est, vous aurez assurément votre absolution : mais, si nous sommes battus, nous serons toujours excommuniés, aggravés & réaggravés.* Journal de la Ligue.

Comme les succès sont difficiles, parce qu'on manque de forces, Sancy propose de lever un corps de vingt mille Suisses. Ce conseil est reçu avec des huées, parce qu'on n'a ni argent ni crédit. *Puis donc,* reprend Sancy, *que pas un de ceux qui sont si riches des bienfaits du roi ne se présente pour l'aider, je déclare que ce sera moi.* Sur cela, on lui donne une commission qu'il remplit parfaitement. Une générosité si sublime, dans le temps de la plus grande corruption, est mal récompensée. Les biens de ce citoyen sont vendus dans la suite à l'encan, pour remplir les engagemens qu'il a pris. *Mémoires de la Ligue.*

1589.

LE duc De Mayenne, chef de la Ligue depuis que le duc De Guise, son frère, a été massacré à Blois par ordre de Henri III, se présente devant Château-Renaud, petite ville à sept lieues de Tours. Sarrouet, gentilhomme Breton, qui y commande, & qui n'a pour toute défense qu'un mur assez foible, fait travailler, avec une activité surprenante, à de profonds retranchemens en dedans. Mayenne, qui a cru qu'une simple sommation suffiroit pour l'engager à se rendre, lui fait demander ce qu'il espère des retranchemens qu'il fait faire. *Ces retranchemens*, répond le gouverneur, *sont* une fosse que je fais creuser pour y enterrer le duc De Mayenne avec son armée, s'il ne se retire promptement. Tant de résolution étonne Mayenne, qui se croit heureux d'avoir un prétexte raisonnable pour abandonner une entreprise dont le succès devient incertain. *De Thou.*

1589.

Les Ligueurs entreprennent le siège de Senlis, pour avoir une communication libre avec les villes de Picardie qui sont dans leurs intérêts. Comme les Royalistes n'ont pas des forces suffisantes pour attaquer les assiégeans, ils se bornent à vouloir faire entrer dans la place des munitions de guerre & de bouche. Les marchands ne veulent pas les livrer sans argent ; & les traitans, qui se sont si fort enrichis dans les affaires, refusent d'en avancer. *Oh bien,* dit le brave & vertueux La Noue, *ce sera donc moi qui ferai la dépense. Garde son argent quiconque l'estimera*

B ij

plus que son honneur. *Tandis que j'aurai une goutte de sang & un arpent de terre, je l'emploierai pour la défense de l'état où dieu m'a fait naître.* Il engage aussitôt sa terre des Tournelles aux marchands qui doivent fournir les munitions. *Vie de La Noue.*

1589.

LE roi de France, Henri III, est assassiné au siège de Paris, qu'il a entrepris avec les Calvinistes. Anglure de Givri, homme également prudent & vertueux, s'appercevant que plusieurs personnages, des plus considérables de l'armée, se disposoient à quitter le nouveau roi Henri IV, parvient à les retenir, en disant publiquement au monarque: *Je viens de voir la fleur de votre brave noblesse, qui réservent à pleurer leur roi mort quand ils l'auront vengé: ils attendent avec impatience les commandemens absolus du vivant. Vous êtes le roi des braves, & ne serez aban-*

donné que des poltrons. D'Aubigné.

Œmars Catte, gouverneur de Dieppe, eſt le premier ligueur qui reconnoît les droits du ſucceſſeur de Henri. Le nouveau roi de France, qui n'ignore pas l'averſion que d'injuſtes & odieux préjugés ont inſpiré contre lui à la plupart des gens de ce parti, ſoupçonne du myſtère dans une conduite ſi ſimple. Catte démêlant cette défiance, & ayant le bon eſprit de ne la pas trouver déplacée, ſe rend, avec ſa garniſon, dans le camp de Henri IV, qui n'eſt pas éloigné de la place. *J'ai laiſſé,* lui dit-il, *ma maiſon vuide ; la ville & le fort ſont ouverts ; je n'y retournerai pas que votre majeſté n'en ait fait prendre poſſeſſion.*

„ Il eſt vrai, lui répond le roi,
„ que la générofité de vos offres
„ déſintéreſſées m'a paru ſuſpecte.
„ Tels ſont les malheurs des temps,
„ que je ne dois me livrer qu'avec
„ précaution à ceux qui, comme
„ vous, ne me ſont point parfai-

» tement connus. Maintenant que
» votre sincérité vient de se mani-
» fester avec la dernière évidence,
» je me livre à vous avec la même
» confiance que vous m'avez mon-
» trée. Comme je ne sçaurois don-
» ner la garde de Dieppe à personne
» qui en fût plus digne que vous,
» il faut que vous y repreniez vos
» fonctions. Il est important que
» tout le royaume sçache que, si
» vous êtes un sujet soumis, je ne
» suis pas un souverain ingrat ««.
Journal de Henri IV.

1589.

HENRI IV, qui n'a que six ou sept mille hommes, est attaqué à Arques, village peu éloigné de Dieppe, par le duc De Mayenne, qui en a trente mille. Ce prince, soupçonnant que les Ligueurs tourneront leurs principaux efforts contre son artillerie, y place le régiment Suisse de Glavis, sur lequel il compte beaucoup, & leur colonel Gallaty, sur lequel il compte encore plus. Ce qu'il avoit prévu étant arrivé, il vole, suivant sa coutume, où le danger est le plus grand. *Mon compère*, dit-il à Gallati en arrivant, *je viens mourir, ou acquérir de l'honneur avec vous.* Ce mot a le succès qu'il doit avoir: il décide de la journée; les Ligueurs sont pouſſés de tous côtés, & enfin battus. *Legrain, décade de Henri le grand.*

Au commencement de l'action, le jeune comte D'Auvergne, Royaliste, appelle monsieur De Sagone, pour faire le coup de pistolet. Ce gentilhomme, un des principaux capitaines de la Ligue, lui crie en riant, *Du fouet, petit garçon, du fouet.* Il vient en même-temps sur lui, &, se bornant apparemment à le faire prisonnier, donne de son épée dans l'épaule de son cheval, & l'enfonce si avant qu'il a de la peine à la retirer. Le prince saisit cet instant pour lui tirer son pistolet, dont il lui casse la cuisse, & le tue. *Mémoires du duc D'Angoulême.*

1590.

Les Royalistes & les Ligueurs se battent dans les plaines d'Yvri. La veille de la bataille, le colonel Thissche, commandant des Allemands qui suivent les drapeaux de Henri IV, se voit forcé, par la mutinerie des siens, de demander l'argent qui leur est dû, avec menace de ne point prendre part à l'action, s'ils ne sont payés. Le roi lui répond avec emportement : *Comment, colonel, est-ce le fait d'un homme d'honneur de demander de l'argent quand il faut prendre les ordres pour combattre ?* Thissche se retire, tout confus, sans rien répliquer.

Le lendemain, lorsque Henri a rangé ses troupes, il se souvient de sa colère de la veille, & court réparer ses torts. *Colonel*, dit-il publiquement à Thissche, *nous voici dans l'occasion ; il se peut faire que j'y demeurerai. Il n'est pas juste que j'emporte l'honneur d'un brave gentilhom-*

me comme vous. Je déclare donc que je vous reconnois pour un homme de bien, & incapable de faire une lâcheté. Après ces mots énergiques, il embrasse très-cordialement l'officier Allemand, qui lui répond avec transport: *Ah! sire, me rendant l'honneur que vous m'aviez ôté, vous m'ôtez la vie; car j'en serois indigne si je ne la mettois aujourd'hui pour votre service. Si j'en avois mille, je les mettrois toutes à vos pieds.* En effet, il cherche si fort les dangers, qu'il tombe mort, percé de mille coups. *Perefixe.*

Immédiatement avant l'action, Henri parcourt tous les rangs de son armée. Il montre aux soldats son casque surmonté d'un panache blanc, & leur dit, avec cette ardeur qui se communique: *Enfans, si les cornetes vous manquent, voici le signe du ralliement; vous le trouverez toujours au chemin de la victoire & de l'honneur.* Quelques historiens lui font dire simplement aux troupes: *Je suis votre roi, vous êtes François, voilà l'ennemi.* Mémoires de Dupleſſis Mornay.

Le duc De Mayenne, qui commande les Ligueurs, ſe contente de montrer aux premiers rangs de ſon armée le crucifix, qu'un cordelier fougueux tient d'une main élevée. Ce général veut faire entendre parlà, à ſes partiſans, qu'ils vont combattre pour la religion, & contre des hérétiques. *Gayet.*

Le fanatiſme, auquel rien ne réſiſte ordinairement, cède, dans cette occaſion importante, à la valeur des Royaliſtes. Biron le père, & Henri, ont l'honneur de cette journée ; le premier, par les ordres ſages qu'il donne ; le ſecond, par l'héroïſme avec lequel il combat. Le maréchal rend finement l'idée qu'il a de l'action, lorſqu'il fait ce compliment à ſon maître : *Sire, vous avez fait aujourd'hui le devoir du maréchal De Biron, & le maréchal De Biron a fait ce que devoit faire le roi.* Vie de Biron.

François De Pas, un des meilleurs officiers du temps, est tué dans l'action, en combattant héroïquement sous les yeux du roi. Ce prince, touché de ce qu'il vient de voir, & de ce qu'il sçait depuis long-temps de cette famille guerrière, s'écrie: *Ventre saint gri, j'en suis fâché ; n'y en a-t-il plus ?* On lui répond que la veuve est grosse. *Eh bien*, replique-t-il, *je donne au ventre la même pension que celui-ci avoit.* Mémoires de Feuquières.

Tout étant fini, Henri se porte sur le soir au château de Rosny. Il soupoit, lorsqu'on lui annonce que le maréchal D'Aumont lui vient rendre compte de quelque chose. Ce bon prince se lève aussitôt, va au-devant de lui, l'embrasse tendrement, & le fait asseoir à table avec ces paroles obligeantes: *Qu'il étoit bien raisonnable qu'il fût du festin, puisqu'il l'avoit si bien servi à ses nôces.* Perefixe.

1590.

Le duc De Mayenne, battu dans les plaines d'Yvri en Normandie, prend avec précipitation le chemin de Mantes. Lorsqu'il arrive aux portes, il crie: *Mes amis, j'ai perdu la bataille, mais le Béarnois est mort: sauvez-moi, tout ira bien.* En finissant ces mots, il entre par le guichet.

Villeneuve, gentilhomme Gascon, qui est emporté par un cheval fougueux, marche alors involontairement sur les pas du général Ligueur; & craignant, se trouvant seul de sa bande, d'être reconnu à son écharpe blanche & fait prisonnier, la présence d'esprit si ordinaire à ceux de son pays le tire de l'embarras où il est, & lui inspire une démarche extraordinaire.

Cet officier, profitant de la consternation où la perte de la bataille a jetté les esprits, fait signe qu'il a quelque chose à dire. Dès qu'on l'a entouré, il parle si énergiquement de ce qui vient de se passer, des suites que doit nécessairement produire un événement aussi décisif, de l'héroïsme d'Henri & de la rapidité de ses conquêtes, du desir qu'a ce grand prince de leur faire plutôt éprouver les effets de sa clémence que ceux de sa colère, que tout le monde est attendri & dans l'admiration. Les assurances d'une soumission sans bornes sont le fruit de la harangue de Villeneuve; &, dès le lendemain, Mantes est au roi. *Remarques sur le grand Alcandre.*

1590.

DURANT le siège, ou, pour parler plus exactement, durant le blocus que Henri met devant Paris, trop long-temps après ses succès d'Yvri, les Ligueurs y sont réduits à manger les chats, les rats, les souris. Ces malheureux affamés, dit De Thou, se mettent au coin des rues pour arrêter au passage tous les chiens

chiens qu'ils apperçoivent ; &, après les avoir attirés à force de careſſes, ils leur jettent au col un lacet, avec lequel ils les étranglent, & les mettant en pièces, les dévorent enſuite tout cruds à la vue de tout le monde. Les peaux même de ces animaux ſont pour eux un régal.

L'ambaſſadeur d'Eſpagne ayant rapporté que, dans une place des Turcs aſſiégée par les Perſans, la garniſon avoit mangé de la pâte faite avec des os de mort, on a recours à cette affreuſe eſpèce de farine. On l'appelle *le pain de madame De Montpenſier*, parce que cette princeſſe en approuve l'invention, & en accrédite beaucoup l'uſage.

La chair humaine devient enſuite la nourriture des obſtinés Pariſiens. On va à la chaſſe des enfans. Il y en a pluſieurs de dévorés par ces faméliques ; & on voit des mères ſe nourrir des cadavres de leurs propres enfans. Le fait ſuivant eſt tiré d'un auteur contemporain,

» Après le décès d'une dame Pa-
» risienne, riche de trente mille
» écus, on découvrit qu'elle avoit
» mangé deux de ses enfans par la
» manière qui suit. Les enfans étant
» morts de faim, cette dame, leur
» mère, fit faire à chacun un cer-
» cueil ; puis, en présence de gens,
» y fit mettre & enserrer ses deux
» enfans. Tout aussitôt qu'elle se
» vit seule, elle les ôta, & mit en
» leur place autre chose d'égale pe-
» santeur, puis fit porter solemnel-
» lement les cercueils au lieu des-
» tiné pour la sépulture, selon la
» coutume & usance de l'église Ro-
» maine.

» La dame étant de retour en sa
» maison, appelle sa servante, & lui
» dit : Ne me décèle pas, je te prie ;
» ce que la servante lui accorda fa-
» cilement. Lors elle lui montra le
» corps de ses deux enfans, disant :
» La nécessité en laquelle tu vois que
» nous sommes, m'a fait garder ces
» deux corps, afin que nous les

» mangions, & puis nous mourrons.
» Prends-les donc & les mets en piè-
» ces : puis nous les falerons du ref-
» te de notre fel, & tous les jours
» en mangerons au lieu de pain.
» Mais la pauvre femme défolée ne
» mangeoit morceau qui ne fût
» abbreuvé de fes larmes.

» Or, guère de temps ne paffa
» que la pauvre femme ne mourût,
« laquelle fes héritiers firent enter-
» rer honorablement. Après l'enter-
» rement, ils fe mirent à chercher
» plutôt le pain que l'argent, efti-
» mans que la défunte n'étoit fans
» provifion de pain & de vin. Cher-
» chans, ils ouvrirent un buffet,
» dans lequel ils trouvèrent une cuif-
» fe des fufdits enfans, dont ils fu-
» rent grandement ébahis. Ils appel-
» lèrent la fervante, laquelle leur
» dit librement comme le tout s'é-
» toit paffé. « *Mémoires de la Ligue.*

1590.

GRENOBLE, craignant avec raison d'être afliégée & prife par Lefdiguières, le parlement lui envoie Moydieu, gentilhomme du pays, pour traiter avec lui. Moydieu, Ligueur paflionné, change les termes de fa miflion qui devoient être pleins de modération & d'honnêteté, & n'emploie que des expreflions fières & menaçantes. Lefdiguières, qui a la modération que le grand courage infpire ordinairement, fe contente de lui répondre en fouriant: *Que diriez-vous donc, monfieur, fi vous teniez comme moi la campagne?* Un héros Grec avoit dit à quelqu'un dans une occafion femblable: *Mon ami, vos paroles ont befoin d'une cité.* Hiftoire de Lefdiguières.

1590.

LE duc de Savoye & la ville de Genève fe font une guèrre vive. Pécolat, citoyen de la république, eft fait prifonnier. On emploie inutilement toutes les rufes poflibles pour lui arracher fur fa patrie quelques éclaircissemens dont on a un besoin absolu. Les tourmens les plus horribles ne le font point parler davantage. Il est soupçonné de magie ; & on imagine, pour rompre le charme, de lui raser tout le corps.

Dans le temps que cette singulière opération commence, l'intrépide Genevois arrache le rasoir des mains du barbier, & se coupe sur le champ la langue pour se mettre dans l'impossibilité d'être foible. Une résolution si héroïque ravit jusqu'à ceux qui l'ont occasionnée : ils renvoient Pécolat libre & comblé d'honneurs. *Vie de Philippe II.*

1590.

LE prince Maurice D'Orange forme le dessein de surprendre Bréda. Pour y réussir, il charge un navire de tourbes, que, faute de bois, on brûle dans les Pays-Bas. Sous ces tourbes, sont cachés soixante-huit hommes choisis & commandés par Héraugières, gentilhomme également brave & intelligent. Le bâtiment, étant arrivé par le canal aux pieds de la citadelle, est visité; on n'y trouve que des tourbes, & il est permis de les décharger, parce que la garnison en a besoin.

Il étoit temps que l'expédition finît. Soit que le navire fût usé, ou que les glaces l'eussent ouvert, il faisoit eau de tous côtés, & les soldats qui étoient à fond de cale souffroient de grandes incommodités.

Un d'entre eux ne pouvant étouffer sa toux, & craignant de découvrir ses compagnons par le bruit qu'il fait, a le courage de leur présenter son épée, & les prie de la lui passer au travers du corps.

Pour empêcher de rien entendre, les matelots se mettent à agiter la pompe sans discontinuation, jusqu'à ce que les portefaix aient fini leur ouvrage, & que les soldats soient sortis de l'endroit où ils sont. Alors rien ne traverse plus l'entreprise;

les Espagnols sont surpris & forcés. *De Thou.*

1591.

NIMÈGUE est assiégée par Maurice D'Orange. La garnison Espagnole, sommée de se rendre, répond d'un ton amer *que le prince est jeune ; & qu'il doit regarder la place comme une jeune dame, à laquelle il doit faire quelque temps la cour, avant qu'elle cède à ses poursuites.* Cette raillerie, pour être bonne, auroit dû être suivie d'une résistance vive & opiniâtre. Cependant on capitule bientôt, & on n'obtient que des conditions honteuses. *De Météren.*

1591.

LESDIGUIÈRES, méditant la conquête de Grenoble, & se croyant sûr du succès de son entreprise, en avoit demandé le gouvernement. Le maréchal De Biron, qui s'étoit apperçu qu'on écoutoit froidement cette prière, avoit dit en son Gascon :

Cap de jou, sire, donnez-lui le gouvernement de Lyon & de Paris, s'il les peut prendre. Ce mot avoit fait taire toutes les répugnances.

La ville étant conquise, Saint-Julien, secrétaire de Lesdiguières, arrive à la cour pour faire expédier les provisions. Les principaux officiers Catholiques se récrient hautement sur une prétention qui leur paroît trop hardie de la part d'un Huguenot. Le roi, qui a besoin d'eux, n'ose, dans la crainte de blesser leurs préjugés, accorder ce que son cœur & la justice exigent. Saint-Julien sort de l'assemblée où cette affaire s'est traitée, & y rentre l'instant d'après. *Messieurs*, dit-il, *votre réponse inespérée m'a fait oublier un mot. C'est que, puisque vous ne trouvez pas bon de donner à mon maître le gouvernement de Grenoble, vous avisiez aux moyens de le lui ôter.* Là dessus il sort encore. Le courage de ce secrétaire en impose à tout le monde. Henri s'en apperçoit,

& Saint-Julien emporte sans contradiction ce qu'il est venu chercher. *Histoire de Lesdiguières.*

1591.

LESDIGUIÈRES attaque & bat près d'Avalon le duc De Savoie, qui, pour s'agrandir, veut profiter des troubles qui divisent & affoiblissent la France. Quelque éclatante que soit sa victoire, il n'est ni moins modeste, ni moins affable. Le brave La Buisse, admirant une modération si rare, lui dit agréablement : *Quel homme êtes-vous, monsieur ? Vous venez de faire une des plus belles actions du monde, & vous n'avez pas un autre visage que hier !* Mon ami, répond Lesdiguières, *il faut louer dieu de tout, & continuer à bien faire.* Histoire de Lesdiguières.

1591.

DOMINIQUE DE VIC, royaliste, reprend la ville de Saint-Denis, dont il avoit eu le gouvernement, sur le chevalier D'Aumale, grand ligueur, qui l'avoit surprise. Par la mort du chevalier, tué dans l'action, l'abbaye du Bec devient vacante. Un grand seigneur la demande au roi, qui répond qu'elle est donnée. Comment cela se peut-il, replique le courtisan ? personne ne sçait encore ici la mort de D'Aumale, & je suis le premier qui vous l'annonce. *Vous n'entendez pas ma pensée, mon cousin*, reprend Henri ; *ne voyez-vous pas que De Vic n'a tué le chevalier D'Aumale qui pour avoir son abbaye !* Notes sur les lettres du cardinal D'Ossat.

1591.

Henri IV marie le vicomte De Turenne avec l'héritière de Sédan & de Bouillon. Le propre jour de ses nôces, & non la veille comme le disent quelques historiens, le nouveau souverain, qu'on croit la nuit occupé de toute autre chose, surprend Stenai qu'il réduit sous l'obéissance de la France. Ainsi, il n'est pas long-temps à donner à son bienfaiteur des preuves de sa reconnoissance, & à faire voir, par des marques publiques, qu'on ne pouvoit faire un meilleur choix pour harceller le duc De Lorraine.

Le roi médite, à cette occasion, de faire le duc De Bouillon maréchal de France. Comme aucun Calviniste n'avoit été encore élevé à cette dignité, cette affaire souffre de grandes difficultés. Elles sont enfin surmontées. Sa promotion est du mois de mars 1592. *D'Aubigné.*

1592.

LE duc De Mayenne, instruit que Henri IV est allé, avec peu d'escorte, à la Roche-Guyon pour voir sa maîtresse Gabrielle D'Estrées, forme le dessein de le surprendre. Pour l'exécuter, il se met à la tête d'un détachement de cavalerie. Le roi, averti à temps, part & se retire à Chartres, de sorte qu'il ne se trouve personne dans le château lorsqu'il est

est investi. Henri plaisante beaucoup sur cet événement, & reproche en quelque manière à son ennemi qu'il n'a pas assez d'activité pour des coups de main de cette espèce : *Mon cousin De Mayenne, dit-il, est un grand capitaine; mais je me lève plus matin que lui.* Mémoires De L'Etoile.

1592.

LE duc De Parme ayant quitté les Pays-Bas pour secourir les Ligueurs qui craignoient de perdre Rouen assiégé par les Royalistes, Henri va au-devant de lui jusqu'à Aumale, avec quatre ou cinq cent chevaux seulement. Le roi, quoique poussé par une armée entière, soutient vigoureusement un premier choc, & regagne ensuite heureusement son camp. Par une jactance qui est dans les mœurs du temps, il fait demander au général des Espagnols ce qu'il pense de cette retraite : *Elle est assurément fort belle*, répond ce grand *capitaine, mais pour moi je ne me mettrai jamais dans un lieu d'où je fois contraint de me retirer.* Malgré ce bonheur, il faut lever le fiège.

Le duc De Parme, qui auroit dû se contenter de ce fuccès, fait la faute de s'engager dans le pays de Caux en Normandie. Henri, qui raffemble des forces confidérables plus vîte qu'on croyoit qu'il pût le faire, l'enferme dans une péninfule, réfolu de s'oppofer à fon retour en Flandres, & de le forcer à recevoir la bataille, ou à le faire mourir de faim. Il paroît qu'il ne refte au duc, tous les jours plus refferré & plus affoibli, d'autre parti à prendre que de fe faire jour à travers l'armée royale, pour regagner Rouen ou la Picardie avec ce qui pourra échapper d'une action hafardée avec tant de défavantage. Perfonne, dans les deux camps, ne foupçonne qu'il puiffe fe fauver par la feine, extrêmement large devant Caudebec. Cette fécurité lui donne le temps de rassembler tout ce qui est nécessaire pour former un pont ; & il se trouve avoir passé la rivière, qu'on ne peut pas encore se persuader que cela soit possible.

Selon plusieurs historiens, Alexandre De Parme, fier d'un succès qu'il doit également à son activité & à la négligence de ses ennemis, envoie un trompette à Henri, pour sçavoir ce qu'il pense d'une telle retraite. *Je ne me connois point en retraite*, répond le monarque, qui oublie l'aventure d'Aumale ; *& la plus belle retraite du monde, je l'appelle une fuite.* Davila.

On peut conjecturer, sans trop de malignité, que le duc De Parme doit une grande partie de sa gloire aux intérêts particuliers du maréchal De Biron. Cet homme ambitieux a si peu d'envie de mettre fin à la Ligue, que, quand son fils lui demande trois à quatre mille arquebusiers & deux mille chevaux, avec

C ij

quoi il se fait fort de tailler Mayenne & les Espagnols en pièces, il le traite de jeune homme, d'étourdi & de téméraire. *S'il n'avoit plus besoin de nous*, lui dit-il en parlant du roi, *il nous enverroit planter des choux à Biron*. De Thou.

Ce discours irrite si fort le baron De Biron, qui ne pense alors qu'à acquérir de la réputation, qu'il dit à plusieurs de ses amis : *Si j'étois roi, je ferois couper la tête au maréchal*. Mezerai.

1592.

Le maréchal Armand De Biron attaque Epernai, qui est entre les mains des Ligueurs, & il est tué à ce siège. Voici ce que dit Mezerai à cette occasion, dans sa grande histoire.

» Ce général s'étoit moqué de
» la divination, que néanmoins la
» curiosité de la reine Catherine De
» Médicis avoit mise fort en vogue
» à la cour. Mais peu avant sa mort,
» pour en avoir vu quelque effet ap-

» parent, il y ajoutoit foi avec autant
» de superstition qu'il avoit eu d'in-
» crédulité pour ces choses-là, &
» s'étoit mis à consulter les diseurs
» de bonne aventure.

» Un de ces gens-là lui ayant
» prédit, six mois auparavant ce
» siège, qu'il seroit tué d'un coup
» de canon, il s'imprima tellement
» l'effet de cette prédiction dans
» l'esprit, que, toutes les fois qu'il
» entendoit tirer, comme il l'avoua
» à ses amis, il ne pouvoit s'empê-
» cher de tressaillir de peur & de
» baisser la tête.

» Cette fois-là ayant entendu sif-
» fler le boulet, comme il se jettoit
» à quartier pour éviter le coup, le
» malheur voulut qu'il le rencontrât
» si bien, qu'il alla au-devant de sa
» mort, & accomplit lui-même une
» prédiction qui, peut-être, ne se-
» roit pas arrivée s'il s'en fût mo-
» qué. « *Mezerai.*

Armand De Biron se glorifioit
d'avoir passé par tous les grades,

depuis celui de soldat jufqu'à celui de général. Il difoit que c'étoit ainfi qu'il falloit devenir maréchal de France. *Mémoires d'Amelot De la Houffaye.*

La févérité eft l'ame & le nerf de la difcipline. C'eft le fang qui a écrit les loix militaires, & il n'y a malheureufement que le fang qui puiffe les faire obferver. On perd tout quand on fuit la pratique de Philippe Strozzi, général de l'infanterie Françoife, qui, au rapport de fon hiftoire, ŏŏ étoit fi craintif d'of- ŏŏ fenfer & de déplaire, que, s'il ren- ŏŏ controit quelque oubliance en ce ŏŏ qu'il avoit commandé au fait de ŏŏ la guerre, bien fouvent il aimoit ŏŏ mieux le réparer & le faire lui- ŏŏ même, qu'en châtier les défail- ŏŏ lans ; ce qui toutefois lui a ap- ŏŏ porté de grands préjudices. « Le maréchal De Biron, au contraire, ne pardonnoit jamais les fautes militaires à fes foldats, quoiqu'il diffimulât toutes les autres. *Vie du maréchal De Biron.*

Durant les guerres de religion, Biron voulut faire bruler une maison. L'officier qu'il en chargeoit, craignant d'être un jour recherché, demanda qu'on lui donnât l'ordre par écrit. *Ah corbleu !* dit Biron, *êtes-vous de ces gens qui craignez tant la justice ? Je vous casse ; jamais vous ne me servirez : car tout homme de guerre qui craint une plume, craint bien une épée.* Brantome.

Biron fit, dans une marche, une chûte de cheval, qui le mit dans l'impossibilité de continuer à commander l'armée. Pour ne blesser aucun de ceux qui, suivant l'usage de ce temps-là, pouvoient prétendre au commandement, il leur laissa le choix d'un chef. Ils donnèrent leur voix au duc De Biron son fils, qui n'avoit que quinze ans. *Mezerai.*

1592.

ALEXANDRE FARNÈSE, duc De Parme, meurt dans les Pays-Bas, lorsqu'il se dispose à porter, pour la troisième fois, des secours aux Ligueurs de France. Ce grand capitaine étoit si vigilant, qu'il lui arrivoit souvent de se lever trois ou quatre fois de table pour des affaires même qui ne pressoient point. Il avoit réussi à convaincre par-là les moindres officiers de son armée de la nécessité de sacrifier leurs commodités aux plus petits détails du service. *Coloma, guerres de Flandre.*

Un officier Espagnol se refusoit jusqu'aux choses les plus nécessaires, pour soulager le soldat, dont la conservation est trop souvent négligée. Il mourut à Milan, où les gens de guerre mirent sur son tombeau ces paroles du Credo : *Qui propter nos & propter nostram salutem descendit ad inferos.*

Les Espagnols ne donnèrent pas, en Flandre, cette louange au duc De Parme ; car, pendant que tout manquoit à l'armée, il lui falloit des mulets pour aller chercher des eaux de Spa pour ses bains. *Commentateur Espagnol de Commines.*

Les Espagnols disoient, durant la longue guerre qu'ils ont eue avec les Provinces-Unies, que Philippe II auroit réduit ses rebèles par le duc D'Albe, si des considérations d'état ne l'en avoient empéché ; mais qu'il conservoit ce pays de contradiction, comme le manège & la sale d'escrime de ses fidèles sujets, afin de les tenir en haleine par un exercice continuel. *Bayle, Comètes.*

1593.

MAURICE D'Orange forme le siège de Gertruydemberg. Comme il veut emporter cette place sans rien hasarder, il prend un camp avantageux, qu'il rend inattaquable par les travaux qu'il y fait. Le comte Pierre Ernest De Mansfeld, qui, depuis la mort du duc De Parme, commande les troupes Espagnoles, & qui brûle de se signaler, s'approche des assiégeans, déterminé à saisir toutes les occasions de combattre.

Pendant plus de vingt jours, il y

a de fréquentes escarmouches entre les deux armées ; mais on n'en vient pas à une action décisive. Mansfeld, ennuyé de ne pouvoir pas attirer les confédérés à une bataille, demande un jour à un trompette de Maurice, pourquoi ce prince, dans l'âge où l'amour de la gloire est le plus vif, se tient enfermé avec tant de soin dans ses lignes. *Mon jeune maître*, répond ingénieusement le trompette, *voudroit bien devenir un jour un capitaine aussi expérimenté que son excellence De Mansfeld.* Mémoires de Dumaurier sur la Hollande.

1593.

BIRON enlève aux Ligueurs Fécamp, fort de Normandie extrêmement important. Bois-Rosé, un des officiers qui ont laissé prendre la place, médite de la rendre à son parti ; & il se croit assuré du succès, lorsqu'il est parvenu à faire recevoir, dans la garnison que les Royalistes ont mise dans leur conquête, deux soldats qu'il a gagnés. La manière dont il s'y prend pour réussir est singulière.

Le côté du fort qui donne sur la mer est un rocher de six cent pieds de haut, coupé en précipice. La mer en lave continuellement le pied à la hauteur d'environ douze pieds, excepté quatre ou cinq jours de l'année, où la mer le laisse à sec l'espace de trois ou quatre heures. L'un des deux soldats corrompus se tient tout le temps de la basse marée sur le haut du rocher, où il attend le signal dont on est convenu.

Bois-Rosé, ayant pris le temps d'une nuit fort obscure, aborde avec cinquante hommes choisis & deux chaloupes au pied du rocher. Il s'étoit muni d'un gros cable égal en longueur à la hauteur du roc, & y avoit fait de distance en distance des nœuds & passé de courts bâtons où on pouvoit appuyer les pieds & les mains. Le soldat qui se tient en faction n'a pas plutôt reçu le signal, qu'il jette du haut du précipice un cordeau auquel ceux d'en-bas lient un gros cable qui est guindé en haut par ce moyen, & attaché à l'entre-deux d'une embrasure avec un fort levier passé par une agraffe de fer faite à ce dessein.

Bois-Rosé fait prendre les devants à deux sergens dont il connoît la résolution, & ordonne aux cinquante soldats de s'attacher de même à cette espèce d'échelle, leurs armes liées autour de leur corps, & de suivre la file, se mettant lui-même le dernier de tous, pour ôter, à ceux qui pourroient être tentés d'être lâches, tout espoir de retour. La chose devient d'ailleurs bientôt impossible; car, avant qu'ils soient seulement à moitié chemin, la marée, qui a monté de plus de six pieds, a emporté les chalouppes, & fait flotter le cable.

La nécessité de se tirer d'un pas difficile n'est pas toujours un garant contre la peur. Elle tourne la tête à celui là même qui conduit la troupe. Ce sergent dit à ceux qui le suivent qu'il ne peut plus monter & que le cœur lui manque. Bois-Rofé, à qui ce difcours paffe de bouche en bouche, & qui s'en apperçoit parce que perfonne n'avance plus, prend fon parti fans balancer. Il paffe par deffus le corps de tous les cinquante qui le précèdent, en les avertiffant de fe tenir fermes, & arrive jufqu'au premier qu'il effaie d'abord de ranimer. Voyant qu'il n'en peut venir à bout par la douceur, il l'oblige le poignard dans les reins de monter. Enfin, avec toute la peine & le travail qu'on s'imagine la troupe fe trouve au haut du rocher un peu avant la pointe du jour, & eft introduite par les deux foldats dans le château, où elle commence par maffacrer fans miféricorde le corps de garde & les fentinelles. Le fommeil livre la garnifon à Bois-Rofé, qui s'empare du fort. Ce fait eft fi extraordinaire, qu'on a cru devoir le rapporter tel qu'il fe trouve dans les *nouveaux mémoires de Sully*.

1594.

PARIS se soumet à Henri IV, dès qu'il s'est fait Catholique. Ce prince signale son entrée dans sa capitale par un trait de vertu qui jette un grand éclat. Des sergens ayant arrêté l'équipage de La Noue, pour des engagemens que son illustre père avoit pris en faveur de la bonne cause, ce fier & valeureux officier va se plaindre à l'instant d'une insolence si marquée. *La Noue*, lui dit publiquement le roi, *il faut payer ses dettes ; je paie bien les miennes.* Après cela, il le tire à l'écart, & lui donne ses pierreries pour les engager aux créanciers, à la place du bagage qu'ils lui ont pris. *Péréfixe.*

1594.

ANNE ANGLURE, baron De Givri, écrit, durant le siège de Laon & sur le point d'aller à une attaque où il est tué, la lettre suivante à la princesse Louise Marguerite De Lorraine.

Vous verrez, en apprenant la fin de ma vie, que je suis homme de parole, & qu'il étoit vrai que je ne voulois vivre qu'autant que j'aurois l'honneur de vos bonnes graces. Car, ayant été assuré de votre changement, je cours au seul remède que j'y puis apporter, & vais périr sans doute, puisque le ciel vous aime trop pour sauver ce que vous voulez perdre, & qu'il faudroit un miracle pour me tirer du péril où je me jetterai. La mort qui m'attend & que je cherche, m'oblige à finir ce discours. Adieu, belle princesse. Connoissez par mon respectueux désespoir ce que peuvent vos mépris, & si j'en étois digne.

Don Carlos Coloma dit, dans son histoire des guerres de Flandre, que ce chevalier étoit le bras gauche de Henri IV, & le maréchal De Biron son bras droit. *Amelot, notes sur les lettres du cardinal D'Ossat.*

1594.

Le maréchal D'Aumont attaque

Crodon, place que les Espagnols avoient fortifiée de l'aveu de la Ligue à l'entrée de la baye de Brest, & où ils se défendent avec une vigueur au-dessus de tout éloge. Une constance si marquée fait défendre, sous peine de perdre la tête, de faire quartier à aucun des assiégés. Il y en a pourtant un de sauvé au dernier assaut par un soldat Anglois, qui, traduit au conseil de guerre, avoue sa désobéissance, ajoutant qu'il est content de souffrir la mort, pourvu qu'on respecte les jours qu'il a épargnés. *Quel si grand intérêt prenez-vous donc à la conservation de cet homme?* lui dit le général. *C'est*, répond-il, *que, dans une occasion semblable, il m'a sauvé la vie à moi-même.* D'Aumont ne peut se défendre d'admirer la générosité de l'un & de l'autre, leur fait grace à tous deux, & les comble de louanges. *De Thou.*

1594.

Au siège de Groningue, formé

par le prince Maurice D'Orange, il arrive une chose assez singulière pour être remarquée. Dans l'instant où les assaillans sont prêts à tirer un canon & à y mettre le feu, un boulet tiré du côté des assiégés entre dans la bouche de ce canon, &, sans l'avoir endommagé, est renvoyé aussi-tôt dans la place par le canon où il est entré. *De Thou.*

1594.

LES affaires des Espagnols vont de plus en plus en décadence dans les Pays-Bas. Leur orgueil en est la principale cause. Ils dédaignent ouvertement tout ce qui, sans être de leur nation, combat sous leurs drapeaux. Cette arrogance est poussée si loin, qu'un de leurs colonels ose dire au marquis De Warembon, Bourguignon, qui commande dans l'Artois : *Je sçais quelle est votre naissance & votre fidélité pour le roi mon maître. Je ne doute point que vous ne soyez un grand homme de guerre ;*

mais le foldat eft de cette humeur, qu'il n'obéiroit pas même à dieu defcendu du ciel, s'il n'étoit Efpagnol. Reidanus.

1595.

GAURY DINCHY, qui commandoit dans Cambrai pour les Confédérés, avoit livré cette place au duc D'Alençon, auquel la fouveraineté des Pays-Bas étoit alors deftinée. Ce prince en avoit donné le gouvernement au fils naturel de Montluc, évêque de Valence; & Balagny avoit profité des circonftances pour en faire un état tout-à-fait indépendant. Les Efpagnols, avertis que ce petit tyran eft haï de fes peuples, l'attaquent, pleinement convaincus qu'ils n'éprouveront pas une longue réfiftance. Henri IV, qui venoit de déclarer la guerre à l'Efpagne, & qui avoit prévu l'entreprife, avoit jetté dans la ville autant de monde que fa fituation le lui permettoit. Ce fecours n'eft pas suffisant, parce que les habitans, qui desirent de changer de domination, ne secondent pas les efforts qu'on fait pour leur défense. Ils osent même appeller du rempart les Espagnols, pour leur dire qu'ils veulent capituler.

Balagny, si insolent dans la prospérité, est consterné de ce soulèvement. Il n'en est pas ainsi de sa femme, qui remplit, durant le siège, tous les devoirs d'un guerrier intrépide. Elle se trouve, avec les femmes de sa suite, dans les travaux, sur les remparts & sur la brèche. On la voit souvent pointer elle-même l'artillerie, mettre le feu aux canons, & faire la ronde la nuit & le jour. Elle se rend auprès des mécontens, qu'elle harangue avec beaucoup d'élévation, de feu & de hardiesse. Voyant que l'honneur ne peut rien faire sur ces hommes vils, » Ne soyez point en peine de la ra-
» reté de l'argent, leur dit-elle; j'en-
» gage ma parole de vous faire chan-

» ger, après le siège, cette monnoie
» de cuivre, qu'on ne vous donne
» que pour vous servir de gage. Je
» m'oblige à récompenser les ef-
» forts que vous ferez pour vous dé-
» fendre. Je ne vous trompe point,
» ajoute-t-elle. » Et, tirant de son
sein des pièces d'or & d'argent, elle
les jette au peuple. » Vous voyez,
» continue-t-elle, que je fais ce que
» je puis. « En même-temps cette
femme illustre se saisit d'une pique ;
&, se mettant en devoir de marcher :
» Suivez-moi, dit-elle ; venez com-
» battre avec moi sur la brèche :
» venez, nous allons à la victoire. «
Mais, s'appercevant que la haine
qu'on a pour son mari l'emporte
sur l'admiration qu'on a pour elle,
elle dit qu'elle aime mieux mourir
souveraine que de vivre sujette ; &
elle expire. *De Thou.*

1595.

HENRI IV, voyant fuir ses gens
au combat de Fontaine-Françoise,

commande à Antoine De Roquelaure, depuis maréchal de France, de courir après eux pour les ramener. *Je m'en garderai bien*, répond ce rufé courtifan ; *on croiroit que je fuirois comme eux : je ne vous quitterai point, & combattrai à vos côtés.* Dupleix.

1595.

Deux gentilshommes très-braves, pleins d'honneur, d'une probité exacte, & capitaines de cavalerie, fervent en Languedoc dans la même armée. L'un, qui eft Gafcon, s'appelle Lioux ; & l'autre, qui eft Provençal, fe nomme Saint-Andiol. Ils ont une querelle pour un fujet affez léger, & mettent l'épée à la main. Saint-Andiol, plus adroit ou plus fort que fon ennemi, le bleffe, le défarme, & lui rend tout de fuite l'épée, avec toutes les marques de confidération que l'honnêteté & l'eftime infpirent.

Quelques précautions qu'on prent

ne pour dérober la connoiſſance de ce combat ſingulier, le connétable en eſt averti. Il en parle à Saint-Andiol, qui convient du démélé ; dit que l'affaire s'eſt terminée ſans avantage de part ni d'autre ; aſſure qu'il eſt très-ſatisfait, & qu'il reconnoît ſon adverſaire pour un des hommes les plus intrépides & les plus vertueux qu'il ait jamais connus.

Lioux, introduit devant ſon juge immédiatement après cette déclaration, qui lui eſt communiquée, nie que l'action ſe ſoit paſſée de cette manière. Il avoue qu'il doit ſa vie à Saint-Andiol; ſe plaint de ce qu'il eſtime aſſez peu la victoire qu'il a obtenue ſur lui, pour s'en vouloir dérober l'honneur ; &, par ce libre & généreux aveu de la vérité, partage, quoique vaincu, avec ſon ami l'honneur d'un événement qui paroiſſoit ne pouvoir tourner qu'à ſon déſavantage. *Hiſt. du duc D'Eſpernon.*

1595.

Mustapha, général d'Amurat III, voyant que son armée refuse ouververtement de passer la rivière de Canac, la traverse le premier. Les troupes s'y précipitent à son exemple, parce qu'elles sentent combien il seroit honteux pour elles de ne pas faire ce que leur général a fait.

Cette méthode est sûre. Lorsqu'un commandant se porte le premier à l'exécution d'une entreprise difficile, personne n'ose reculer. Il ne doit pas craindre qu'on lui dise, comme les soldats dont parle Strada, qu'il n'est pas aussi aisé de faire ce qui est ordonné, que d'ordonner ce qu'il faut faire : *difficilius est imperata facere, quàm imperare facienda.* Du Verdier, histoire des Turcs.

1595.

Le comte De Fuentes, qui a long-temps commandé les armées Espagnoles dans les Pays-Bas, disoit souvent que rien n'étoit plus important pour un général que d'avoir la réputation d'être impitoyable.

Alonso De Lerma étant allé à l'assaut au siège du Catelet, parce qu'il ignoroit la défense qui avoit été faite à tous les seigneurs & gentilshommes d'y monter, l'austère comte ordonne secrettement de lui couper la tête. Si l'arrêt n'est pas exécuté, c'est que le duc De Pastrane, le prince De Chimay, tous les principaux officiers de l'armée, avertis à temps, détournent ce coup par des sollicitations vives & réunies.

Fuentes avoit une si grande passion pour la guerre, qu'il disoit souvent qu'il vouloit entrer tout armé en paradis. *Herrera.*

1596.

Les Espagnols sont déterminés au siège de Calais d'une manière très-singulière. Un Lorrain, d'un mérite supérieur, nommé De Rosne, avoit embrassé leurs intérêts durant

le

le temps de la Ligue, & avoit depuis suivi leurs drapeaux. Henri IV lui ayant fait des offres pour l'attirer à son service, les Espagnols sont avertis que De Rosne pense à les accepter, & ils décident sa perte. Pendant qu'il est en chemin pour se rendre au conseil où il doit être entendu, on lui remet un billet où ces mots sont écrits : *Sauvez-vous, si vous pouvez; autrement vous êtes perdu.* Sa présence d'esprit le sert utilement en cette occasion.

Etant entré dans la salle du conseil, avec l'air de sécurité d'un homme qui n'a point de reproche à se faire, il dit qu'on le mande à propos, parce qu'il a un projet de conséquence à communiquer. Comme il est dans l'habitude d'ouvrir des avis importans, on ne veut point perdre celui qu'il annonce. On lui prête attention ; & il propose le siège de Calais, en détaillant, non seulement les raisons de former cette entreprise, mais encore les moyens de la faire réussir. Son assurance, l'excellence de son plan, le besoin qu'on a de lui pour l'exécution, désarment ses ennemis. Loin de songer à se saisir de lui, on le charge de la conduite de l'expédition qu'il vient de proposer. Le succès qu'il a, fait tomber tous les soupçons qu'on a eu raison de former contre lui. *Daniel, histoire de France.*

1596.

HENRI IV assiège & prend la Fère. Les François, chargés de rédiger les articles de la capitulation, stipulent que *la ville sera rendue sans fraude.* Osorio, qui défend la place, ne veut jamais consentir, par une vanité Espagnole, qu'on se serve du terme de *se rendre*, ni de celui de *fraude;* le premier sentant la lâcheté, & l'autre la perfidie; vices dont, dit-il, on ne peut pas soupçonner sa nation. *De Thou.*

1596.

LOUIS BERTON De Crillon avoit

une intrépidité si décidée, qu'on ne l'appelloit que *l'homme sans peur*. Le jeune duc De Guise, auprès duquel Henri IV l'avoit envoyé à Marseille, veut éprouver jusqu'où cette fermeté peut aller. Pour cela, il fait sonner l'allarme devant le logis de ce brave, fait mener deux chevaux à sa porte, monte chez lui pour lui annoncer que les ennemis sont maîtres du port & de la ville, & lui propose de se retirer pour ne pas augmenter la gloire du vainqueur.

Quoique Crillon ne soit presque pas éveillé lorsqu'on lui tient ce discours, il prend ses armes sans s'émouvoir, & soutient qu'il vaut mieux mourir l'épée à la main, que de survivre à la perte de la place. Guise ne pouvant le détourner de cette résolution, sort avec lui de la chambre; mais, au milieu du dégré, il laisse échapper un grand éclat de rire, qui fait appercevoir Crillon de la raillerie. Il prend alors un visage plus sévère que lorsqu'il pensoit al-

D ij

ler combattre ; &, ferrant fortement le duc De Guife, lui dit, en blafphémant fuivant fon ufage : *Jeune homme, ne te joue jamais à fonder le cœur d'un homme de bien. Par la mort ! fi tu m'avois trouvé foible, je t'aurois poignardé.* Après ces mots, il fe retire fans rien dire davantage. *Hiftoire du duc D'Efpernon.*

1597.

PORTO-CARRERO, qui fervoit depuis long-temps dans les armées Efpagnoles avec une grande réputation d'efprit & de courage, eft fait gouverneur de Dourlens. Il forme le projet de furprendre Amiens, place Françoife de fon voifinage, où il fçait, par le rapport de fes efpions, & par la précaution qu'il a eue d'y aller plufieurs fois lui-même déguifé, que le fervice fe fait trèsnégligemment par les bourgeois, qui gardent feuls leur ville.

Pour réuffir dans fon entreprife, Porto-Carréro place, à l'entrée d'une nuit obscure, des sentinelles qui doivent arrêter tous ceux qui iront du côté d'Amiens ; & il s'en approche lui-même avec cinq cent hommes choisis, qu'il fait cacher dans des haies & dans des masures fort près de la place. Trente autres, habillés en paysans & en paysanes, les uns avec des hottes, les autres avec des paniers, s'avancent jusqu'à l'entrée. Ils conduisent trois chariots, dont un doit s'arrêter sous la porte, à l'endroit qui répond à la herse, pour la soutenir lorsqu'on l'abbattra.

Aussitôt que la porte est ouverte, deux des chariots entrent. Les soldats, qui conduisent le troisième, s'arrêtent à l'endroit marqué. Un d'entre eux ouvre un sac de noix qu'il porte, & les répand devant le corps-de-garde. Tandis que les bourgeois qui y sont se font un amusement de les ramasser, ils sont tués ou mis en fuite par les soldats déguisés, qui s'emparent du corps-de-garde. Les cinq cent hommes cachés au voisinage accourent aussitôt, & entrent sans opposition par la porte que la charette a empêché de fermer. Ils se rendent maîtres, sans combat, des rues, des remparts, & enfin de la place entière. Une circonstance, qui apparemment étoit prévue, favorise les Espagnols : ils arrivent devant la ville tandis que les habitans sont au sermon ; ce qui empêche une résistance qui étoit infaillible dans d'autres heures.

La conquête d'Amiens est d'autant plus importante pour les Espagnols, que les François y avoient fait leur dépôt de munitions d'armes & d'argent pour la campagne qui alloit s'ouvrir. *Mémoires de Sully.*

1597.

HENRI IV sortoit du bal & venoit de se mettre au lit, lorsqu'un courier lui apporte la nouvelle que les Espagnols ont surpris Amiens. Ce prince, quoique vivement frappé d'un événement si funeste, prend son parti sur le champ. *Allons*, dit-il en se levant avec précipitation ; *c'est assez faire le roi de France, il est temps de faire le roi de Navarre.* Les principaux officiers, les ministres & quelques magistrats sont mandés aussitôt au Louvre. On prend des mesures pour s'assurer de tout ce dont on a besoin pour faire un siège ; & celui d'Amiens est entrepris avec une activité surprenante. *Péréfixe.*

Durant ce siège, on prend un sergent Espagnol, nommé Bernardo Arragonès, dont l'archiduc Albert se sert pour espion, parce qu'il parle très-bien François. Henri ordonne qu'on le fasse mourir, sur ce qu'on lui dit que c'est le soldat qui, durant le siège de la Fère, avoit trouvé le moyen d'entrer plusieurs fois dans la place & d'en sortir, portant des lettres de l'archiduc aux assiégés, & des assiégés à l'archiduc. *Sire*, dit hardiment Bernardo, *vous allez vous écarter en pure perte de la générosité de votre caractère : ma mort n'empêchera pas un seul Espagnol de se charger de la même commission , aussi courageusement que moi.*

Le roi lui pardonne , à condition qu'il renoncera pour toujous au métier qu'il fait. Mais il répond qu'il ne peut pas promettre une chose qu'il ne tiendra pas , ou qu'il ne tiendroit pas sans se déshonorer. Henri , touché de tant d'élévation & de bonne foi , le fait mettre en liberté. *Herréra.*

Il arrive durant ce siège une chose fort honorable pour le régiment de Navarre : c'est que Portocarréro , gouverneur Espagnol de cette place , ne fait jamais de sortie, lorsque ce corps est de tranchée. » Le » régiment de Navarre, dit D'Au- » bigné, étoit redouté par ceux du » dedans , qui se retenoient de sor- » tir le jour qu'ils le sçavoient en » garde, pour avoir été reçus par » ces Gascons deux ou trois fois » fort rudement. « *D'Aubigné.*

Les Espagnols, qui sortent de la place pour règler la capitulation après une défense opiniâtre, demandent pour première condition, LE SAC DE LA VILLE. Henri, indigné de cette audace, leur répond : » Eh » comment ! une chose que vous » avez déjà pillée il y a long-temps, » la demandez-vous ? « Les députés ayant juré qu'on n'y a pas touché : » Puis donc, replique le roi, qu'elle » n'a été pillée en mon absence, à » votre avis si je permettrai qu'elle le » soit en ma présence. « *Brantome.*

Henri, voulant faire honneur à l'habile général qui a si bien défendu Amiens, le fait recevoir au sortir de la place par les hommes les plus distingués de l'armée. Ils le conduisent au monarque, qui l'attendoit à une demi-lieue à la tête des troupes. Dès que Portocarréro apperçoit Henri, il met pied à terre, &, accolant la botte du prince, il lui fait un compliment dans lequel il lance un trait piquant contre le cardinal D'Autriche, qui s'eſt tenu dans l'inaction, quoiqu'il eût à ſa diſpoſition une armée très-nombreuſe. *Je remets*, dit-il, *la place entre les mains d'un roi ſoldat, puiſqu'il n'a pas plu au roi mon maître de me faire ſecourir par des capitaines ſoldats.* Péréfixe.

La repriſe d'Amiens cauſe une joie univerſelle à toute la France. Henri fait partager à Biron, qui y a beaucoup contribué, toutes les louanges qu'on lui donne à cette occaſion. Lorſque le parlement de Paris vient le haranguer, il dit, en montrant ce général : *Meſſieurs, voilà le maréchal De Biron que je préſente également à mes amis & à mes ennemis.* Péréfixe.

Les troupes regardoient autrefois comme indigne d'elles de remuer la terre, & c'étoient des pionniers qui faiſoient les tranchées. Henri, qui avoit remarqué que ces payſans s'allarmoient aiſément lorſqu'il ſe faiſoit des ſorties, paie les ſoldats à la toise au siège d'Amiens, pour les engager à faire les tranchées. Il donne à ceux qui n'ont pas été tués en travaillant la somme entière qui avoit été promise à toute la troupes pour ce travail. Louis XIII renouvelle ce règlement en 1621, au siège de Saint-Jean d'Angeli. On ne s'est pas depuis écarté de cette méthode. *Bellon, instructions militaires.*

1597.

LE duc de Savoye, en guerre avec Henri IV pour le marquisat de Saluces, construit un fort très-considérable à Barreaux dont personne ne voit l'utilité, parce que Montmélian, qui est tout près, couvre suffisamment le pays, & lui donne toutes les facilités qu'il peut desirer pour faire des courses dans le Dauphiné. On conjecture, par le bruit qu'il fait dans toute l'Italie de cette entreprise, qu'il n'y est déterminé que par la gloire de bâtir un fort sur les terres de France à la vue de l'armée Françoise.

Lesdiguières est presque unanimement blâmé dans son camp de souffrir une telle audace. La cour, qui adopte cette façon de penser, lui en fait un crime. *Votre majesté*, répond froidement au roi ce grand général, *a besoin d'une bonne fortification pour tenir en bride la garnison de Montmélian. Puisque le duc de Savoye en veut faire la dépense, il faut le laisser faire. Dès qu'il n'y manquera ni canon ni munitions, je me charge de la prendre sans aucun secours d'argent.* Henri sent la justesse de ses vues ; il les adopte & s'en trouve bien. Lesdiguières tient toutes ses promesses. *Histoire du connétable De Lesdiguières.*

1598.

JAVARIN, la clef de l'Autriche, qui avoit été pris en 1594 par les Turcs, est repris par un stratagême du comte Adolphe De Swartzemberg & de Nicolas Palfi. Ces deux géneraux de l'empereur trouvent le moyen de se faire ouvrir une porte de la place, en faisant accroire au corps - de - garde, par des espions Hongrois qui parlent bien la langue Turque, qu'ils viennent de Bude avec le convoi de vivres que la ville attend, & qu'ils se sont servis des ombres de la nuit pour éviter de tomber entre les mains des Chrétiens qui rodent aux environs. Le pétard est appliqué à la seconde porte par un gentilhomme François, nommé Vaubecourt. *Chronica Piasocü.*

1599.

LE défense des forteresses a été long-temps négligée, même depuis l'usage de l'artillerie. » Nos pères,
» dit le célèbre La Noue, se mo-
» quoient de tant d'inventions dont
» on se sert pour la fortification des
» places, & disoient que c'étoient
» inventions Italiques, & qu'un bon

» gros rempart fuffifoit pour garan-
» tir les hommes de l'impétuofité
» du canon, fur lequel il falloit fe
» défendre pique à pique. «

La multiplication des ouvrages extérieurs n'a commencé qu'au fiège de Bommel, place de Gueldre, fituée dans une ifle de même nom. » Ce fut en ce temps-là, dit Gro-
» tius, que l'on trouva une excel-
» lente manière de défendre les vil-
» les, de laquelle le prince Maurice
» fe fervit fouvent depuis, & les Ef-
» pagnols auffi, & qui s'eft établie à
» la fin pour être mife éternellement
» en ufage. Elle fe pratique en cette
» forte : Lorfqu'une ville, où l'on
» craint le fiège, a fuffifamment des
» foldats, on pouffe bien loin en
» dehors les fortifications, pour ar-
» rêter les ennemis ; & par le moyen
» defquelles non-feulement ceux qui
» doivent demeurer enfermés ont
» un plus long efpace pour fe dé-
» fendre, mais encore les dedans
» de la place font plus long-temps

» en sureté. Ainsi donc le prince
» D'Orange donna ordre qu'au de-
» vant des boulevards de Bommel
» on en fît d'autres, & puis encore
» d'autres, que l'on enferma d'un
» fossé d'eau aussi-bien que les pré-
» cédens ; en sorte que, sur la fin,
» tout ce qui se trouvoit capable de
» défense fût encore environné d'un
» parapet. «

Voilà donc l'origine de la multiplication des dehors des places de
guerre & du chemin couvert, auquel Grotius donne le nom de parapet. Les ingénieurs se sont étu-
diés depuis à faire en sorte que toutes les fortifications se soutinssent
les unes les autres, & fussent en
même-temps soutenues du corps de
la place. *Annales de Grotius.*

Il arrive à l'attaque de Bommel
un cas singulier & peut-être unique.
Deux frères Espagnols, qui, quoiqu'ils se fussent toujours cherchés,
ne s'étoient jamais vus, se ren-
contrent par hasard à ce siège, où

ils servent dans deux compagnies différentes. S'étant reconnus après quelques éclaircissemens, il sautent au cou l'un de l'autre. Dans le temps qu'ils se tiennent étroitement embrassés, un boulet de canon leur emporte la tête, sans séparer leurs corps, qui tombent ensemble. Ainsi périssent les deux frères dans l'instant le plus agréable de leur vie. *Mémoires d'Amelot De la Houssaye.*

1600.

LE prince Maurice attaque l'archiduc Albert à Nieuport. Avant l'action, ce grand capitaine renvoie tous les bâtimens qui avoient transporté son armée en Flandres. *Mes amis*, dit-il à ses Hollandois, *il faut passer sur le ventre à l'ennemi, ou boire toute l'eau de la mer. Prenez votre parti, le mien est pris : ou je vaincrai par votre valeur, ou je ne survivrai pas à la honte d'être battu par des gens qui ne nous valent pas.* Ce discours, plein d'élévation & de confiance, embrâſe le cœur de tous les ſoldats : ils fondent ſur les Eſpagnols avec une audace & une impétuoſité qui leur donnent une victoire entière.

Qu'on y prenne garde, la conduite de Maurice, qui au premier coup d'œil pourroit paroître téméraire, eſt dans le fond pleine de prudence. Ce général tire ſûrement du parti qu'il prend l'avantage ineſtimable de redoubler l'ardeur des troupes, qui ne font jamais de ſi grands efforts, que lorſqu'elles ne voient de reſſource que dans leur bravoure. D'un autre côté, il ne ſacrifie rien, ou preſque rien. S'il eût été battu, ſa retraite étoit impoſſible, même dans la ſuppoſition qu'il eût conſervé ſes chaloupes. Jamais le victorieux n'auroit donné aux vaincus le temps de les regagner; il les auroit tous taillés en pièces. *Bentivoglio*.

1600.

QUELQUES officiers, hardis & intelligens, propoſent à Henri IV de s'empater en une nuit, par le moyen du pétard, de Bourg-en-Breſſe, qui appartient au duc de Savoye. Ce projet ſe trouve du goût du roi, qui charge Biron de l'exécution.

Ce général, qui entretenoit déjà avec le duc de Savoye des intelligences qui éclatèrent dans la ſuite, fait avertir Bouvens, gouverneur de Bourg, de ſe tenir ſur ſes gardes, & lui marque la nuit & l'heure où l'on compte le ſurprendre.

Bouvens communique, à la garniſon & aux habitans, l'avis qu'il vient de recevoir; les exhorte à ſe bien défendre; double, triple même le corps de garde; prend enfin toutes les précautions poſſibles, juſqu'à faire lui-même ſentinelle. Tout le monde attend, avec une véritable impatience, l'heure de minuit qui doit être celle de l'attaque.

Le maréchal De Biron, ſoit pour donner plus de temps au gouverneur, ſoit pour faire manquer l'entrepriſe, ſoit peut-être par haſard, avoit pris un détour ſi long, qu'au lieu d'arriver à minuit devant la place, il n'y paroît qu'au point du jour. Il veut alors perſuader aux officiers qu'il convient de remettre la choſe à une autre fois, l'heure étant indue pour ces ſortes de coups. Mais ſon avis eſt combattu par ceux qui avoient propoſé l'entrepriſe. Il ſe rend, dans la crainte de paſſer pour timide, & ſe tenant aſſuré que ce deſſein va être bientôt déconcerté.

Il en arrive tout autrement. Les ſoldats & les bourgeois, ayant veillé juſqu'à deux, trois, enfin quatre heures, croient, ou que l'entrepriſe a échoué, ou qu'elle n'a été qu'imaginaire. Ils vont déjeûner & ſe coucher, lorſqu'ils voient le jour prêt à paroître; & laiſſent le ſoin de garder les murailles à quelques ſentinelles qui, étant accablées de ſommeil, s'en acquittent fort mal.

Cependant le principal auteur du projet, Caſtanet, s'étoit avancé juſqu'à la contreſcarpe, avec trois hommes de confiance, qui avoient chacun un pétard à la main, & suivi de douze hommes bien armés & d'une bravoure éprouvée. La sentinelle crie : *Qui va là ?* Castanet répond que c'est un ami de la ville qui vient avertir le gouverneur que des gens de guerre ont paru à deux mille pas, & se sont retirés. Il ajoute qu'il a plusieurs choses à dire à monsieur De Bouvens de la part de monsieur le duc de Savoye, & charge le soldat de l'aller avertir de lui faire ouvrir la porte.

Dans le temps que la sentinelle a quitté son poste pour aller chez le gouverneur, Castanet s'avance jusqu'à la porte, pose son pétard qui emporte le pont-levis, & fait une brèche par laquelle les douze hommes entrent promptement à la faveur de courtes échelles, & après eux l'armée. Tout se fait si rapidement que les François se trouvent maîtres de la place en un instant, & sans que le gouverneur ait pu se reconnoître. *Mémoires de Sully.*

1604.

Le marquis Spinola, passant par Paris, y est reçu avec les distinctions dues à un grand général qui venoit de montrer la plus grande capacité au siège d'Ostende. Henri IV ose lui demander quelles seront ses opérations durant la campagne qu'il va ouvrir dans les Pays-Bas. Quoique Spinola soit parfaitement instruit de l'éloignement de ce prince pour l'Espagne, & de l'intérêt vif qu'il prend aux Hollandois, il prend le parti de lui dire franchement ses projets, très-convainu qu'il ne sera pas cru.

En effet, Henri écrit secrettement, & sans perdre un instant, au prince Maurice ce qu'il tient de Spinola, en lui conseillant de se préparer à des entreprises diamétralement opposées; ce qui est fait au grand détriment des Provinces-Unies. Spinola exécute de point en point ce qu'il a dit, & tout lui réussit.

Henri est également surpris & fâché. *Les autres*, dit-il à cette occasion, *trompent en disant des mensonges; mais Spinola m'a trompé en disant la vérité.* Vie du duc D'Ossone.

1608.

Don Pédro De Tolède, qui se rend dans les Pays-Bas, passe à Paris. Henri IV, qui sçait que les Espagnols, pour former plus aisément des ligues contre lui, répandent qu'il est dévoré par la goutte, & qu'il ne peut plus monter à cheval, croit devoir lui faire connoître que sa vigueur n'est pas diminuée. Il le reçoit dans la grande galerie de Fontainebleau, lui fait faire vingt à trente tours à si grands pas, qu'il le met hors d'haleine, & lui dit ensuite: *Vous voyez, monsieur, comme je me porte bien.* Il ajoute que la puissance Espagnole ne l'effraie pas; & que c'est la statue de Nabuchodonosor, composée de divers métaux, & qui a les pieds d'argile.

Don Pédro, bleſſé de la hauteur de ce diſcours, en vient aux reproches & aux menaces. *Tout cela*, reprend Henri, *ne m'en impoſe pas. Si le roi votre maître continue ſes attentats, je porterai le feu juſques dans l'Eſcurial, & on me verra bientôt à Madrid. François I y fut bien*, répond fièrement l'Eſpagnol. *C'eſt pour cela*, replique le roi, *que j'y veux aller venger ſon injure, celles de la France & les miennes.* Puis, baiſſant le ton de la voix, il dit: *Monſieur l'ambaſſadeur, vous êtes Eſpagnol, & moi Gaſcon: ne nous échauffons point.* Alors la converſation continue avec beaucoup de douceur & de politeſſe.

On remarque que don Pédro, qui eſt preſque orgueilleux quand il remplit les fonctions de ſon miniſtère, eſt, comme particulier, d'un commerce très-uni & fort agréable. Voyant un jour, au Louvre, l'épée de Henri entre les mains d'un des officiers de ce monarque, il s'avance, met un genouil à terre, & la baise, *Rendant*, dit-il, *cet honneur à la plus glorieuse épée de la Chrétienté.* Péréfixe.

1610.

Henri IV, qui avoit échappé à tant de périls, meurt misérablement de la main d'un assassin. Il y a mille traits marqués dans la vie militaire de ce grand prince.

L'activité étoit la qualité dominante de Henri. D'un coup d'œil il voyoit toutes les faces d'une entreprise ; & l'exécution avoit la rapidité de l'éclair. Le duc De Parme disoit que *les autres généraux faisoient la guerre en lions ou en sangliers, mais que Henri la faisoit en aigle.* Péréfixe, histoire de Henri.

Lorsqu'on comparoit ce prince, toujours en mouvement, au chef de la Ligue, grand capitaine, mais lent & paresseux, on disoit que Henri passoit moins de temps au lit, que le duc De Mayenne n'en passoit à table.

table. *Péréfixe, histoire de Henri IV.*

L'intrépidité de Henri se faisoit également remarquer dans toutes les occasions. Un officier Flamand, au service d'Espagne, nommé Michau, offrit ses services à ce prince, sous prétexte d'être mécontent de la cour de Madrid, mais en effet pour trouver l'occasion de lui ôter la vie. Henri, instruit de ce projet, va à la chasse, accompagné seulement du traître, qui étoit bien monté & avoit deux pistolets bandés & amorcés. *Capitaine Michau*, lui dit le prince, *mets pied à terre; je veux voir si ton cheval est aussi bon que tu le dis.* Le ton de Henri en impose à l'assassin, qui obéit sans difficulté. Le roi saute à l'instant sur le cheval. *Veux-tu*, ajoute-t-il, *tuer quelqu'un? On m'a dit que tu en voulois à mes jours; je suis le maître des tiens.* En disant ces mots, il lâche les deux pistolets en l'air, & lui ordonne de le suivre. Le capitaine désavoue le projet qu'on lui suppose, prend congé deux jours après, & ne paroît plus. *Perefixe, histoire de Henri IV.*

Le duc De Mayenne menaçant la Rochelle en 1584, Henri, qui n'étoit encore que roi de Navarre, s'y rend à travers des dangers sans nombre pour rassurer les esprits. Dans sa marche, il est surpris par une nuit très-obscure & par un temps affreux. Il demande s'il ne pourroit pas trouver un asyle. On lui répond que, demi-lieue de l'endroit où il se trouve, est le château d'un des plus violens Catholiques & lieutenant des gendarmes de Mayenne. Henri ne balance pas un instant à s'y rendre ; se fait connoître franchement à ce gentilhomme, en est bien reçu, & continue sa route sans obstacle. *Histoire de Lesdiguières.*

Henri aimoit si fort les braves gens, qu'il fit entrer dans ses gardes-du-corps un soldat qui lui avoit porté de rudes coups dans une occasion importante. Jamais cet homme intrépide ne lui fortit de la tête. Il le montra un jour au maréchal D'Eſtrées, qui étoit dans ſon caroſſe, & lui dit avec complaiſance : *Voilà le ſoldat qui me bleſſa à la journée d'Aumale.* Actions & paroles mémorables de Henri IV.

On lui préſenta huit gentilshommes du Périgord, dont le viſage étoit très-marqué des coups qu'ils avoient reçus à ſon ſervice. *Je ſuis ravi de les voir*, dit ce prince ; *mais je verrois encore plus volontiers ceux qui les ont ainſi traités.* Actions & paroles mémorables de Henri IV.

Un brave gentilhomme nommé Néreſtan leva un beau régiment. En le préſentant à Henri, il lui dit qu'il n'aſpiroit qu'à la gloire de le ſervir, & que l'eſpoir de la récompenſe n'entroit pour rien dans ſon plan. *C'eſt ainſi*, répondit le roi, *que doivent parler les bons ſujets ; ils doivent oublier leurs ſervices : mais c'eſt au prince à s'en ſouvenir ; &, s'il veut qu'ils continuent d'être fidèles, il faut qu'il soit juste & reconnoissant.* Actions & paroles mémorables de Henri IV.

Henri eut le malheur d'exercer presque toujours ses talens militaires dans des guerres civiles. Il arrivoit de-là que, quoiqu'il allât au combat d'un air tout-à-fait héroïque, il paroissoit toujours affligé après la victoire. *Je ne puis me réjouir, disoit-il, de voir mes sujets étendus morts sur la place ; je perds lors même que je gagne.* Actions & paroles mémorables de Henri IV.

Quelques troupes que Henri envoyoit en Allemagne ayant fait du désordre en Champagne & pillé quelques maisons de paysan, ce prince dit aux capitaines, qui étoient encore à Paris : *Partez en diligence, donnez-y ordre : vous m'en répondrez. Quoi ! si on ruine mes sujets, qui me nourrira, qui soutiendra les charges de l'état, qui paiera vos pensions ? Vive dieu ! s'en prendre à mon peuple, c'est s'en prendre à moi.*

Actions & paroles mémorables de Henri IV.

Henri aimoit paffionnément fa nobleffe. Il lui avoit vu faire de fi belles chofes à la guerre, qu'il ne fe laffoit pas de répéter qu'avec elle rien ne lui feroit impoffible. Un ambaffadeur d'Efpagne lui témoignoit un jour qu'il étoit furpris de le voir environné & preffé par quantité de gentilshommes. *Si vous m'aviez vu un jour de bataille*, repartit vivement ce prince, *ils me preffoient bien davantage.* Actions & paroles mémorables de Henri IV.

Un jour, que Henri étoit entouré des grands de fa cour & de beaucoup de miniftres étrangers, la converfation tomba fur les grands guerriers. *Meffieurs*, dit le roi en mettant la main fur l'épaule de Crillon, *voilà le premier capitaine du monde. Vous en avez menti, fire ; c'eft vous*, repliqua vivement Crillon plus accoutumé à confulter la vérité que

E iij

les bienséances. *Vie de Crillon.*

On exhortoit Henri à traiter avec rigueur quelques places de la Ligue qu'il avoit réduites par la force. *La satisfaction qu'on tire de la vengeance ne dure qu'un moment,* dit ce généreux prince ; *mais celle qu'on tire de la clémence est éternelle.*

Le nonce du pape demandoit à Henri combien de temps il avoit fait le guerre. *Toute ma vie,* répondit ce grand prince ; *& jamais mes armées n'ont eu d'autre général que moi.* Folard, commentaire sur Polybe.

Un ambassadeur Turc exagéroit les forces du sultan son maître, & paroissoit fort étonné qu'un roi qui, comme Henri, n'étoit monté sur le trône & ne s'y étoit affermi qu'à force de victoires, n'eût qu'une très-petite armée : *Où règne la justice,* lui dit ce grand prince, *la force n'est guère nécessaire.* Lettres de Boursfault.

Les honneurs militaires sont méprisés quand ils deviennent trop communs. Comme Henri en étoit aussi prodigue que ménager de son argent, Villeroi lui disoit quelquefois, qu'un roi qui vouloit être servi & inspirer de l'émulation à ceux qu'il employoit, devoit être avare des marques d'honneur, parce que les braves gens ne les estimoient qu'autant que le prince les épargnoit. *Amelot, notes sur Tacite.*

Le régiment de Champagne avoit une si grande réputation du temps de Henri, que ce prince ayant délivré des commissions pour lever des compagnies d'infanterie, le duc De Nevers lui écrivit que personne ne vouloit de ses commissions, à moins qu'elles ne fussent pour Champagne. La passion d'entrer dans un corps si distingué fut tout-à-fait du goût de Henri, & il accorda volontiers ce qu'on lui demandoit. *Mémoires du duc De Nevers.*

1611.

LES Danois avoient choisi Chriftianftad pour place d'armes, & y avoient fait un amas prodigieux de munitions de guerre & de bouche. Les Suédois entreprennent de le surprendre. Pour y réuffir, ils habillent à la Danoife cinq cent foldats, qui s'approchent à petit bruit des portes de la ville, & font entendre qu'ils font pourfuivis par mille chevaux Suédois. Les foldats de la garde appercevant de loin dans le mémetemps un gros de cavalerie Suédoife, ont la fimplicité de croire ce qu'on leur dit, & laiffent entrer l'ennemi, qui s'empare de la place, & paffe au fil de l'épée tous les Danois qui s'y trouvent. *Pufendorff.*

1614.

LES foldats de la garnifon d'Augufta, fortereffe de Sicile, ne pouvant plus fupporter l'extrême févérité de Fabio Macone, leur commandant, l'enferment dans une étroite prifon, & choififfent fon lieutenant pour chef. Le duc D'Offone, inftruit de ce défordre, condamne à mort le lieutenant; fait donner l'eftrapade à tous les foldats; & envoie, pour l'exemple, faire pendre les plus coupables dans les différentes places du royaume. Macone lui-même eft mis à la chaîne pour deux ans. *Vous êtes caufe*, lui dit le viceroi, *de l'effufion de tant de fang, pour n'avoir pas eu l'adreffe & la prudence de vous faire aimer & craindre de vos fubalternes.* Vie du duc D'Offone.

1615.

LE prince De Condé & le duc De Bouillon, aigris contre Marie De Médicis, régente de France, prennent les armes. Ils affemblent à Noyon un corps d'environ fept mille hommes mal armés, & compofé de nouvelles levées. Quoique le maréchal De Bois-Dauphin, qui

E v

commande les troupes royales, ait une armée trois fois plus considérable, remplie de vieilles bandes, & abondamment pourvue de toutes choses, la terreur est générale dans la capitale. Paris, comme toutes les grandes villes, est peuplé de gens crédules, oisifs, riches & voluptueux, que l'ombre du danger doit naturellement effrayer. Ces craintes sont augmentées par celles des habitans de la campagne, qui, sans sçavoir pourquoi, viennent y chercher un asyle. Des prières publiques, ordonnées mal-à-propos, achèvent de tourner toutes les têtes.

Bois-Dauphin, surpris de ces mouvemens, & des supplications qu'on lui adresse à tous les quarts-d'heure pour qu'il sauve la ville, se trouve extrêmement embarrassé. *Je sçaurai bien conserver Paris,* répondil avec chagrin ; *mais je ne puis pas empêcher les Parisiens d'avoir peur.* Mercure François.

1616.

CONDÉ ayant commencé la guerre civile, on prend à Paris les mesures qui sont d'usage dans les temps de trouble. Il n'est plus permis de sortir de la ville, ni d'y entrer sans permission. Le maréchal D'Ancre, qui veut aller passer la nuit dans un fauxbourg, se présente à la porte de Buffi, accompagné des gentilshommes ordinaires de sa suite. Le cordonnier Picard, qui y est de garde, arrête le carosse & demande le passeport. L'orgueilleux favori ordonne fièrement à son cocher & à ses gens d'avancer : on leur présente la hallebarde & le mousquet. *Coquin*, dit le maréchal au cordonnier, *sçais-tu qui je suis ? Je vous connois fort bien*, répond Picard d'une manière hardie & méprisante ; *cependant vous ne sortirez pas, à moins que vous n'ayez un passeport.*

D'Ancre crève de rage & de dépit, mais il n'ose faire violence. La populace, qui s'attroupe, l'auroit assommé sans miséricorde. On va seulement chercher le commissaire de quartier, afin qu'il ordonne à ceux qui sont de garde de laisser sortir le maréchal.

Quelque-temps après, le vindicatif Italien commande à son écuyer de prendre deux valets, & de faire donner des coups de bâton au cordonnier Picard. L'ordre est si bien exécuté, que le pauvre homme demeure presque mort sur la place. Peu de jours après, les gens du maréchal, qui, comptant trop sur l'autorité de leur maître, s'étoient laissé arrêter, sont perdus devant la porte du malheureux qui avoit été si inhumainement traité. L'écuyer auroit eu le même sort, si Picard n'avoit consenti à se désister de ses poursuites. *Mercure François.*

1616.

MARIE DE MÉDICIS parvient à s'assurer de Condé, qu'elle ne trouvoit pas assez soumis à ses volontés. Thémines, pour avoir arrêté prisonnier le premier prince du sang, désarmé & sans défense, dans la chambre de la reine, est fait maréchal de France. Tous ceux qui contribuent, de quelque manière que ce soit, à cette glorieuse expédition, sont revêtus des plus grands honneurs. Bassompierre seul dédaigne cette voie d'avancement.

» Qu'est-ce que cela ? lui dit la
» reine dans sa bonne humeur : tu
» ne me demandes rien aujourd'hui ?
» Madame, lui répond-il avec fierté,
» je n'ai pas rendu un service si con-
» sidérable, que j'en doive deman-
» der la récompense à votre majesté.
» J'ai fait mon devoir ; j'ai obéi aux
» ordres que vous m'avez donnés,
» en ce qui concerne les fonctions de
» ma charge de colonel général des
» Suisses. Quand j'aurai mérité, par
» quelque action plus belle & plus
» éclatante, les premières dignités
» de l'état, j'ose espérer que le roi

» voudra bien m'en gratifier , fans
» que je les lui demande. « *Journal
de Baſſompierre.*

1618.

LE duc D'Epernon s'étant brouillé avec le duc De Luynes, qui gouverne Louis XIII, ſe ſauve dans ſon gouvernement de Metz, pour n'être pas arrêté. On ne croit pas devoir l'y aſſiéger, parce que la place eſt très-forte, & qu'on craint qu'il ne ſe jette dans les bras des Autrichiens. Le favori ſe borne à ſçavoir ce qui ſe paſſe chez ſon ennemi; mais la commiſſion d'aller s'en inſtruire ſur les lieux eſt ſi dangereuſe, que les plus bas courtiſans n'oſent s'en charger : un ſeul offre enfin publiquement de faire le voyage.

Lorſqu'il arrive à Metz, où l'on étoit déjà inſtruit de ſes vues, il eſt, comme c'eſt l'uſage dans les villes frontières, arrêté aux portes, conduit à ſon auberge par quatre gardes, interrogé d'une manière insultante sur son nom, son pays, sa condition, son âge, ses emplois. Menacé d'être traité comme espion, parce qu'il refuse de répondre, il se fait connoître, & se dit envoyé du roi.

Cette déclaration, qu'il croyoit devoir tout finir, ne lui sert de rien. On lui soutient qu'il est venu pour livrer la place à l'ennemi, après en avoir reconnu les endroits foibles; qu'on en est sûr; & qu'on éclairera de si près sa conduite, qu'il lui sera impossible d'exécuter ses coupables projets. A ces discours effrayans, les gardes ajoutent une conduite qui les appuie. Ils ne perdent pas de vue leur prisonnier, & le tourmentent sans cesse, soit qu'il veuille manger, dormir, ou être seul.

Le courtisan, après avoir supporté deux jours entiers ce traitement fâcheux, se jette aux pieds de ses gardes, pour les engager à porter à leur maître les assurances de son repentir, & à lui obtenir la permission de se retirer. D'Epernon s'amuse encore quelques jours des frayeurs de son prisonnier, & le laisse retourner ensuite à Paris, où il devient, plus encore qu'il ne l'a été à Metz, l'objet de la risée publique. *Vie du duc D'Epernon.*

1620.

Les Turcs & les Polonois se font la guerre dans la Moldavie. Quoique l'armée des Infidèles soit de 70000 hommes, Zolkieuski, qui n'en a que 10000, ose l'attendre, & parvient à le repousser. Il couche sur le champ de bataille, & se dispose à recommencer le combat à la pointe du jour, lorsqu'il se voit abandonné par la moitié des siens. Cette odieuse désertion le force à la retraite. Il forme un bataillon quarré de ce qui lui reste de soldats fidèles, & s'approche du Niester, en combattant pendant le jour & en marchant pendant la nuit. Il étoit arrivé à deux lieues du fleuve, après une longue & pénible marche, lorsque les valets, voyant des amas de foin, y courent pour s'en emparer. Dans l'inſtant qu'ils commencent leur proviſion, ils s'imaginent voir des Tartares en embuſcade, prêts à fondre ſur eux. Ils prennent auſſi-tôt la fuite avec de grands cris, & jettent l'épouvante dans le camp. La même terreur ſaiſit le ſoldat, qui ne peut ſoutenir l'idée d'un ennemi ſur lequel il vient de remporter une victoire ſi difficile & ſi honorable.

Les Turcs, avertis du déſordre, tombent, avec l'impétuoſité qui leur eſt ordinaire, ſur des troupes éparſes & conſternées. Tout eſt taillé en pièces, ou réduit à la plus cruelle ſervitude. Zolkieuski, preſque ſeul, oſe diſputer ſa vie, & ne ſuccombe ſous le nombre qu'après avoir fait des efforts héroïques. Sa tête eſt envoyée à Conſtantinople. *Lengnich, hiſtoire de Pologne.*

1620.

LES Bohêmes, mécontens des princes Autrichiens, qui violoient perpétuellement leur capitulation, avoient pris les armes & élu enfuite pour leur roi Frédéric V, électeur Palatin. Cette démarche fut l'origine d'une guerre vive, longue & fçavante entre les Catholiques & les Proteftans d'Allemagne. La bataille de Prague eft un des premiers & des plus éclatans actes de cette grande querelle.

Les troupes Proteftantes font retranchées fur le Vaifemberg pour couvrir cette grande ville. Cette pofition paroît fi refpectable aux chefs de l'armée Impériale, qu'après l'avoir examinée de tous les côtés, ils opinent tous à fe retirer. Cet avis alloit être exécuté, lorfqu'un carme Efpagnol, dont la vie auftère & l'extérieur mortifié en impofoient aux fimples, promet, d'un ton de prophète & de la part de dieu, une victoire entière. Soit que ce moine ne soit qu'un visionnaire, ou que ce soit l'instrument dont les généraux veulent se servir pour animer l'armée, la chose réussit au-delà de ce qu'il étoit possible d'imaginer. Officiers & soldats, tout le monde, saisi d'un enthousiasme subit, veut combattre pour la cause de dieu; & ce feu, habilement ménagé par le duc De Bavière & par le comte De Bucquoi, produit la destruction de l'armée Protestante.

L'année suivante, Louis XIII, ne pouvant point prendre Mautauban, qu'il assiégeoit, & qui étoit défendu avec beaucoup de fermeté & d'intelligence par les Huguenots, a recours au carme, que la bataille de Prague a rendu célèbre. *Le bienheureux père*, car c'est ainsi qu'on l'appelloit, arrive au camp : il y est reçu avec une confiance égale par le roi, les officiers & les soldats. Le connétable De Luynes, sur lequel retomboient les malheurs d'une entreprise qui étoit son ouvrage, demande humblement au saint comment il faut s'y prendre pour réduire la ville assiégée. *Faites tirer quatre cent coups de canon sur la ville*, répond hardiment Dominique, *les habitans intimidés se rendront certainement.* Luynes, plein de confiance, va porter cette agréable nouvelle au roi ; & Louis, aussi crédule que son favori, ordonne qu'on tire quatre cent coups de canon. Mais les ennemis ne se rendent pas pour cela, & il faut lever le siège. *Journal de Bassompierre.*

1621.

OSMAN, jeune, actif, ambitieux sultan, déclare la guerre à la Pologne, & s'avance vers Andrinople pour la commencer. A la sollicitation des principaux officiers, qui désapprouvent cette entreprise, le muphti tente la voie de la superstition, pour détourner le prince de continuer sa marche. Un jour que le sultan revenoit de la prière, un santon, apposté par le chef de la religion, l'aborde & lui dit: *Dieu m'a révélé la nuit dernière, dans une vision, que si ta hautesse va plus loin, elle est en danger de perdre l'empire. Son épée ne peut faire cette année de mal à qui que ce soit.*

Osman n'étoit point si crédule qu'on l'imaginoit. *Voyons si la prédiction est bien certaine*, répond-il en souriant; &, prenant son cimeterre, il ordonne qu'on s'en serve pour couper la tête à l'homme aux révélations. Le muphti, mourant de peur, retourne à Constantinople; les visirs se conforment aux vues de leur maître; & l'expédition projettée n'éprouve plus de contradiction. *Vittorio Siri.*

1621.

ON commence en France, contre les Huguenots, une guerre qui, quittée & reprise trois fois, ne finit qu'en 1629, par la ruine de la Rochelle. Quoique les Calvinistes fussent blâmables d'avoir travaillé à former une espèce de république dans le cœur même de l'état, la passion qu'a Luynes d'être connétable est la principale cause des troubles civils. Lorsque le bruit commence à se répandre que cet orgueilleux & expérimenté favori va être revêtu de la première & la plus importante charge de la couronne, le duc De Mayenne ne craint pas de dire publiquement qu'il seroit bien étonnant que l'on fit connétable un homme *qui ne sçait pas encore ce que pèse une épée.*

Le siège de Saint-Jean d'Angeli est la première opération de la guerre. Avant de le commencer, Louis XIII envoie à Soubise, qui commande dans la place, un héraut d'armes, vêtu d'une casaque de velours brun, semée de fleurs de lys d'or, & le bâton fleurdelisé à la main. La crainte que cette cérémonie extraordinaire ne cause quelque mouvement dans la ville, fait que le héraut n'eſt admis qu'entre les portes. Dès que Soubiſe s'y eſt rendu, cet homme lui crie, ſelon la formule ancienne:

A toi, Benjamin De Rohan. Le roi, ton ſouverain ſeigneur & le mien, te commande de lui ouvrir les portes de Saint-Jean d'Angeli, pour y entrer avec toute ſon armée. A faute de quoi, je te déclare criminel de lèze-majeſté au premier chef; roturier, toi & ta poſtérité; tous tes biens acquis & confiſqués; tes maiſons raſées, de toi & de tous ceux qui t'aſſiſteront.

Soubiſe étant demeuré couvert pendant cette ſommation, le héraut l'en reprend & lui ordonne d'ôter ſon chapeau. Hautefontaine, un des officiers qui accompagnent ce commandant, dit que monſieur De Soubiſe, n'ayant jamais reçu une pareille ſommation, eſt excuſable de ne pas ſçavoir les formalités; & que, ſi on lui avoit dit de mettre un génou à terre, il les y auroit mis tous deux.

Soubife confère enfuite quelque temps fur la réponfe qu'il doit faire. La voici telle qu'il la donne. *Je fuis très-humble ferviteur du roi : mais l'exécution de fes commandemens n'eft pas en mon pouvoir.*

Cette réponfe devient le fignal de l'attaque. Il eft décidé que, durant le fiège, les foldats travailleront aux tranchées, & qu'ils feront payés de leur travail à un prix qu'on arrête. Quelques officiers, plus courtifans que gens de guerre, repréfentent que le marquis De Spinola, & le prince D'Orange, exigent tous les jours, dans les Pays-Bas, un pareil fervice de leurs troupes, fans leur rien donner au-delà de leur folde. *Pour moi*, dit le roi, *je me ferois confcience d'expofer mes foldats à des périls qui ne font pas attachés à leurs fonctions ordinaires, fans les animer par quelque récompenfe.* Mercure François.

1621.

1621.

Après la prise de Saint-Jean d'Angéli, & de quelques autres places, l'armée Royale va mettre le siège devant Montauban. Lesdiguières, encore Calviniste, s'y expose en soldat. Ses amis le blâment de cette témérité. *Il y a, leur dit-il, soixante ans que les mousquetades & moi nous connoissons ; ne vous en mettez pas en peine.*

Un autre général, voulant partager avec Lesdiguières la gloire de cette intrépidité, feint de vouloir établir une batterie en un endroit fort découvert; le prie d'y aller avec lui, & de l'aider de ses lumières. Lesdiguières prend son homme par la main ; &, abusant du droit que le goût du siècle donne d'être téméraire, lui dit : *Nous ne voyons pas assez bien d'ici; allons plus avant; je m'en vais vous montrer le chemin.* Alors celui qui le consulte le retient, & lui dit sans dissimulation : *Ce seroit une folie d'aller si loin.* Ils retournent sur leurs pas, après avoir témérairement couru les plus grands périls. *Histoire du connétable De Lesdiguières.*

1622.

LE duc D'Epernon est chargé, par Louis XIII, de se rendre maître de Royan que ses fortifications & sa situation sur un rocher au bord de la mer, rendent considérable. D'Epernon voit tant de difficultés à emporter la place de force, qu'avant d'arriver sous ses murs, il a corrompu le baron de Saint-Seurin qui y commande pour les Calvinistes. Après que, pour la forme, on a formé une espèce d'attaque, le gouverneur se rend au camp pour y convenir d'un capitulation.

L'assemblée de la Rochelle, qui a connoissance de cette odieuse négociation, envoie quelques-uns de ses meilleurs officiers à Royan, pour en empêcher l'effet. Ils y arrivent par mer dans le temps même de la conférence. Sur le champ, ils maſſacrent le lieutenant de Saint-Seurin, ſaluent de dix-huit volées de canon les négociateurs, & déterminent la garniſon & les habitans à ſe défendre juſqu'à la dernière extrémité.

Le roi lui-même eſt obligé d'aſſiéger Royan avec toute ſes forces. Ce prince, naturellement brave, s'expoſe dans cette occaſion juſqu'à la témérité. Cela va ſi loin que Lachau, ſon premier aumônier, eſt chargé de lui faire des rémontrances. *Tous vos officiers*, dit le prélat, *ſeront enfin obligés, ſire, de vous faire la prière que les capitaines de David lui firent autrefois: Vous ne viendrez plus à la guerre avec nous, de peur que la lumière d'Iſraël ne s'éteigne avec vous.* Bernard, hiſtoire de Louis XIII.

1622.

Louis XIII ſe porte avec ſon armée devant Négrepeliſſe, petite ville Calviniſte du Querci, très-mal fortifiée, dans laquelle on avoit maſſacré l'hiver précédent la garnison Royale qui y avoit été laissée. Ce prince veut emporter la place d'assaut, & faire passer tous les hommes au fil de l'épée. *Je vous ordonne*, dit-il à ses officiers, *de ne point faire de quartier; il faut que vous les traitiez comme ils ont traité les autres.* Lorsque les assiégés ont fait tout ce qu'il étoit humainement possible de faire, ils demandent quartier. On le leur refuse. *Nous mourrons donc en gens d'honneur*, répondent-ils; *& nous vendrons notre vie bien cher:* Ils continuent, en effet, de se défendre, & ne rendent les armes qu'avec la vie.

Dix ou douze seulement survivent à la prise de leur ville. Le roi veut qu'on les lui amène. *Vous méritez tous la corde*, leur dit-il en les voyant. Ces pauvres gens ne veulent pas chicaner leurs jours contre un prince qui leur paroît si avide de sang : ils se contentent de lui demander, par une bisarrerie fort extraordinaire, qu'on les pende aux arbres de leurs jardins; ce qui leur eſt accordé.

La pudicité des femmes & des filles n'eſt pas épargnée dans une ville abandonnée à la licence & à la brutalité du ſoldat. *Tout y fut tué, dit* Baſſompierre*, hormis les femmes. Quelques-unes furent forcées, & les autres furent moins difficiles.* Roger, un des premiers valets de chambre du roi, touché de compaſſion à la vue de quarante femmes ou filles que les ſoldats amènent, court promptement à eux, & rachète ces infortunées, en donnant ce que chacun lui demande, une, deux ou trois piſtoles.

Les barbaries dont on parle ne deshonoreroient pas les annales de la France, ſi le cardinal De Retz avoit été cru. *Sire,* dit-il au roi, *la clémence eſt la vertu favorite des grands princes. Au milieu de leurs plus beaux triomphes, ils font gloire de céder à la compaſſion. Quand vous voyagez dans vos provinces, vous devez ressembler à ces fleuves qui portent par-tout l'abondance. A dieu ne plaise que votre passage puisse se comparer à celui des torrents dont les eaux impétueuses ravagent & ruinent tout.*

Le prince De Condé, qui entre dans l'inftant chez le roi, le trouve ébranlé par ces vérités touchantes. Il prend un bréviaire qui eft auprès du monarque, l'ouvre, & fait remarquer que, dans les leçons du jour tirées du vieux teftament, le prophête Samuel reproche à Saül d'avoir épargné les Amalécites. Cet argument décide du fort de Négrepeliffe. *Bernard, histoire de Louis XIII.*

1622.

Louis XIII affiège les Huguenots dans Montpellier. Les Royaliftes s'étant laiffés repouffer à une attaque, fans faire beaucoup de réfiftance, Zamet, maréchal de camp, leur crie : *Soldats, vous fuyez ? Mon-*

fieur, nous n'avons ni poudre ni plomb, répondent-ils. Quoi ! leur dit-il, n'avez-vous pas des épées & des ongles ? Cette parole les ranime, ils reviennent à la charge, & repoussent ceux qui les avoient mis en fuite. *Mercure François.*

La sentinelle a toujours été regardée comme une personne publique. Elle peut tuer impunément quiconque l'insulte ; elle le doit même, selon les loix de la guerre. Un événement arrivé au siège de Montpellier sert de preuve à cette vérité.

» Le conseil étant fini, dit Puisé-
» gur, & monsieur De Marillac sor-
» tant à cheval par la porte du logis
» du roi, son cheval en reculant
» marcha sur le pied de la sentinel-
» le, laquelle frappa de la fourchet-
» te sur la croupe du cheval ; ce
» qui donna une secousse à mon-
» sieur De Marillac, qui se tourna
» & battit la sentinelle.

» Ce soldat étoit de la compagnie
» de monsieur De Goas, qui, l'ayant

F iv

» sçu, le fit relever & arrêter pri-
» sonnier, & s'en alla au logis de
» monsieur De Marillac, en résolu-
» tion de lui faire mettre l'épée à la
» main. Le roi le sçut, & envoya
» chercher monsieur De Goas &
» querir monsieur De Marillac, au-
» quel il fit une grande répriman-
» de, lui disant que la sentinelle
» le devroit avoir tué, & que de
» six jours il ne feroit aucune fonc-
» tion de sa charge de maréchal de
» camp, & qu'il ne commanderoit
» point dans l'attaque que feroient
» les gardes. Ce soldat, qui avoit
» été arrêté prisonnier, fut mis au
» conseil de guerre, & condamné
» d'être dégradé des armes à la tête
» du régiment & à l'estrapade, pour
» n'avoir pas tué monsieur De Ma-
» rillac. Sa majesté lui fit grace de
» tout ; néanmoins monsieur De
» Goas ne s'en voulut plus servir
» dans sa compagnie « *Mémoires
de Puiségur.*

1624.

La cour d'Espagne envoie dans les Pays-Bas l'ordre d'entreprendre le siège de Bréda. Comme la place est fortifiée dans toutes les règles de l'art, que les approches en sont difficiles, qu'il y a une garnison formidable, un gouverneur habile, & grand nombre d'officiers très-bien choisis, Spinola n'oublie rien pour faire abandonner un projet si dangereux. Sa dépêche lui est renvoyée par Philippe III, qui met au bas, pour toute réponse : *Marquis, prenez Bréda. Moi, le roi.*

Spinola, pour contenter son maître, tente ce qu'il croit presque impossible. Il réussit au bout de dix mois, à force de génie, de dépense & de sang. Le prince Maurice D'Orange meurt de douleur pour n'avoir pas pu faire lever le siège. *Mémoires du maréchal De Grammont.*

1625.

Le prince Maurice D'Orange,

ftadhouder des Provinces-Unies, meurt avec la réputation du plus grand homme de guerre de son temps. Une femme de la première qualité lui demandoit un jour affez indifcrettement quel étoit le premier capitaine du fiècle : *Spinola, répondit il, eft le fecond.* Maurice fe donnoit par là, le plus honnêtement qu'il étoit poffible, la première place, qui en effet lui étoit due. *Du Maurier.*

La guerre entre la Hollande & l'Efpagne n'a jamais été fi vive que durant l'adminiftration de Maurice. Un empereur Turc, voyant les torrens de fang que prodiguoient les deux peuples, crut qu'ils fe difputoient la poffeffion des plus grands empires. Lorfqu'on lui eût montré fur la carte quel étoit l'objet de tant de diffentions, il dit froidement : *Si c'étoit mon affaire, j'envoyerois mes pionniers, & je ferois jetter ce petit coin de terre dans la mer.*

Sigifmond roi de Pologne, envoya aux Etats-généraux un ambaſſadeur pour les engager à ſe réconcilier avec les Eſpagnols. Pour réuſſir plus ſurement dans ſa commiſſion, ce miniſtre mal à droit inſiſta, plus qu'il ne convenoit, ſur l'impoſſibilité où étoient les Provinces-Unies de réſiſter à une puiſſance auſſi formidable, auſſi guerrière, auſſi entreprenante qu'étoit alors l'Eſpagne. Maurice, qui avoit entendu la harangue, mena en ſortant de l'aſſemblée l'ambaſſadeur dans une ſale où il montra des drapeaux ſans nombre pris par les troupes de la République : il le convainquit ainſi, ſans lui dire un mot, que la nation, dont il avoit une ſi haute opinion, n'étoit pas invincible. *Du Maurier.*

Le prince Maurice, qui ſçavoit que pluſieurs grands généraux avoient été ſurpris durant leur ſommeil, avoit toujours pendant la nuit auprès de lui deux hommes qui veilloient, qui ſe relevoient d'heure en heure, & qui avoient ordre de le réveiller au moindre besoin. *Rousset.*

La nourriture influe plus qu'on ne pense dans la valeur des troupes; & un célèbre médecin Anglois ne disoit pas une absurdité quand il asſuroit qu'avec une diète de six semaines, il rendroit un homme poltron. Le prince Maurice étoit si convaincu de ce principe, qu'il employoit toujours à quelque action de vigueur les Anglois, lorsqu'ils arrivoient de chez eux, *& tandis qu'ils avoient encore la pièce de bœuf dans l'eſtomac;* c'étoit son expreſſion. *Guillaume Temple, remarques sur les Provinces-Unies.*

1625.

LE connétable De Lesdiguières entre dans le territoire de Gênes, & met le siège devant Gavi. Son conseil de guerre n'approuve pas l'entreprise, par la raison que Barberouſſe avoit échoué devant cette place. *Eh bien*, dit-il froidement, *Barbegrife la prendra.* Cette plaisanterie d'un vieillard capable & vigoureux relève tous les courages: on se porte gaiment aux attaques; & elles réussissent au-delà de ce qu'on pouvoit espérer. *Vie du maréchal De Gassion.*

1625.

LE duc De Montmorenci bat la flotte des Huguenots, près de l'isle de Rhé, & reprend cette isle, dont ils s'étoient emparés. Le vainqueur demande le gouvernement de sa conquête, comme la récompense de l'important service qu'il vient de rendre. Le brave Toiras lui est préféré. Bien loin d'en témoigner quelque ressentiment, Montmorenci abandonne pour plus de cent mille écus de munitions, qui lui appartiennent légitimement comme amiral. On veut faire appercevoir au duc que c'est un trop grand sacrifice: *Je ne suis pas venu ici pour gagner du bien*, répond-il avec fierté, *mais pour acquérir de la gloire*. Vie du duc De Montmorenci.

1625.

Le maréchal De Thémines marche vers le pays de Foix avec huit mille hommes de pied & six cent chevaux, pour y faire la guerre aux Calvinistes. Sept soldats, du parti Huguenot, s'enferment dans une méchante maison de terre, nommée Chambonat, auprès de Carlat, & y arrêtent l'armée royale deux jours entiers. Après lui avoir tué plus de quarante hommes en diverses attaques, ils sont réduits, uniquement par le défaut de vivres, à chercher les moyens de se sauver. Un d'eux sort la nuit, & va reconnoître les environs : il revient plein de joie d'avoir trouvé une issue, lorsque son propre frère, qui le prend pour un ennemi, lui casse la cuisse d'un coup de fusil. Malgré ce malheur, il se traîne avec courage, exhorte ses camarades à s'en aller, & leur donne les indications nécessaires. *Pour moi*, lui dit son frère, *je ne vous quitterai pas: puisque je suis la cause de votre malheur, je veux vivre & mourir avec vous.* Un de leurs proches parens dit la même chose, pendant que leurs compagnons s'éloignent à regret. Ces trois hommes exaordinaires se défendent dans leur méchant poste, tuent encore quelques Catholiques, & meurent libres. Mémoires du duc De Rohan.

1626.

ERNEST, comte De Mansfeldt, fils naturel de Pierre Ernest De Mansfeldt, après avoir soutenu avec des succès variés la cause de l'électeur Palatin élu roi de Bohême, meurt dans la Bosnice. Se voyant sur le point d'expirer, il fait appeler tous les officiers qui le suivoient, &, appuyé sur deux d'entr'eux, il les exhorte, avec beaucoup de courage & d'éloquence, à continuer de se signaler dans le métier des armes, & à défendre toujours avec conſtance la cauſe pour laquelle ils ont ſi vaillamment combattu juſqu'a ce jour.

Parmi les actions de ce grand capitaine & de cet homme ſingulier, il n'y en a pas de plus ſingulière que celle qu'on va lire. Ce général, inſtruit à n'en pouvoir douter que Cazel, celui de ſes officiers auquel il ſe fioit le plus, communiquoit le plan de tous ſes projets au chef des Autrichiens, ne montra ni humeur ni reſſentiment : il fit donner au traître trois cens richdales, avec une lettre adreſſée au comte De Buquoy, & conçue en ces termes : *Cazel étant votre affectionné ſerviteur, & non le mien, je vous l'envoie, afin que vous profitiez de ſes ſervices.* Cette action partagea les eſprits, & trouva autant de cenſeurs que de partiſans. *Mercure François.*

Mansfeldt eut pour compagnon

de ses succès & de ses défaites, Christian duc De Brunswick, qui le précéda au tombeau. Cet homme féroce, enrichi des dépouilles d'un grand nombre d'églises, fit battre une monoie d'or, où, par une raillerie conforme à son génie, il fit représenter, d'un côté, une main armée d'une épée, & de l'autre graver ces paroles: *Ami de dieu, ennemi des prêtres.*

Les paysans de Westphalie cherchant à l'adoucir, il les menaça de leur faire couper un pied & une main, pour leur ôter jusqu'à la tentation de se souftraire à son autorité. *Un villageois*, leur dit-il brutalement, *qui est né pour la charrue, & non pour la guerre, doit se contenter d'une main & d'un pied naturels, avec une jambe de bois.* Barre, histoire d'Allemagne.

Christian trouva dans la cathédrale de Munster douze statues colossales d'argent, qui représentoient les douze apôtres. En ordonnant qu'on les convertît en monnoie, il leur adreſſa des paroles qui marquoient la corruption de ſon cœur, & ſon mépris pour la religion. *Pourquoi*, leur dit-il, *ne ſuivez-vous pas l'ordre que votre maître vous a donné d'aller dans toute la terre ? Je vous ferai bien remplir votre deſtination.* Le Vaſſor, hiſtoire de Louis XIII.

1626.

LE connétable De Leſdiguières meurt, & ſa charge eſt ſupprimée. Les lettres qu'on lui expédia quand on l'en revêtit en 1622, portoient qu'on la lui donnoit pour les grands & continuels ſervices qu'il avoit rendus à la couronne, *& pour avoir toujours été vainqueur, & n'avoir jamais été vaincu.*

Pluſieurs des principaux Proteſtans du Dauphiné, jaloux, en 1584, de voir Leſdiguières à la tête de leur parti dans cette province, donnèrent cinq cent écus à un gendarme d'une valeur diſtinguée, qui ſe chargea de l'aſſaſſiner. Leſdiguières, averti du deſſein de ce miſérable, qui feignoit de vouloir prendre parti dans ſes troupes, le mena ſeul à la chaſſe dans un bois écarté : *Mon Cavalier*, lui dit-il, *voici un lieu bien favorable pour ſe défaire d'un homme.* L'aſſaſſin ſe jette à l'inſtant à ſes pieds, & lui fait l'aveu de ſes deſſeins avec toute la confuſion poſſible. *Allez*, lui dit froidement Leſdiguières, *n'oubliez jamais que vous vous êtes chargé de la plus honteuſe des commiſſions pour un ſoldat, faites mes complimens à ceux qui vous ont envoyé, & dites-leur qu'ils ne ſçauroient me faire périr, ſans perdre le meilleur ami qu'ils aient.* Tous les conjurés, pleins d'admiration pour un courage ſi élevé, choiſirent dans l'inſtant & volontairement Leſdiguières pour chef. Ils lui obéirent dans la ſuite avec une ſoumiſſion aveugle. *Hiſtoire du connétable De Leſdiguières.*

Leſdiguières, averti que des gens de guerre, mécontens de lui, s'étoient rendus pour l'aſſaſſiner ſur un côteau écarté, où il alloit ordinairement pour confidérer l'état du fiége qu'il avoit mis devant la ville de Mure, alla feul au lieu où les conjurés l'attendoient, & pouffant fon cheval contr'eux, le piftolet à la main par galanterie : *N'eft-il pas vrai, Meffieurs*, leur dit-il, *qu'un homme de cœur, monté fur un cheval, n'eft pas mal en état de fe défendre?* Là-deffus il mit pied à terre, les falua tous, & par fa réfolution leur fit perdre l'envie d'exécuter leur deffein. *Hiftoire du connétable De Lefdiguières.*

Guillaume Avanfon, archevêque d'Embrun, féroce par fuperftition, corrompit le domeftique de confiance de Lefdiguières, & le détermina à affaffiner fon maître. Platel en trouva plufieurs fois l'occafion, fans ofer la faifir. Lefdiguières, averti du péril qui menaçoit fes jours, entra dans fa chambre, mit une épée & un poignard dans deux lits qui y étoient, appella fon domeftique, &

lui ordonna de prendre ce qu'il trouveroit dans l'un des deux lits. Lorsque Platel fut armé, Lesdiguières s'arma. *Puisque tu as promis de me tuer*, lui dit-il, *essaie maintenant de le faire, ne perds pas par une lâcheté la réputation de valeur que tu as acquise.* Platel, confondu de tant de magnanimité, se jette aux pieds de son maître, qui lui pardonne, & continue de s'en servir. *Puisque*, dit-il à ceux qui le blâment de cette conduite, *ce valet a été retenu par l'horreur du crime, il le sera encore plus puissamment par la grandeur du bienfait.* Histoire du connétable De Lesdiguières.

1627.

LES Anglois envoient aux Calvinistes de France une flotte considérable, pour les aider à conquérir l'isle de Rhé. Toiras la défend avec une valeur & une capacité si marquées, que Louis XIII prend pour lui un goût décidé. Le cardinal de Richelieu eſt très-mécontent d'un commencement de faveur qu'il n'a ni preſcrite ni permiſe.

Le garde des ſceaux Marillac, un des premiers qui démêlent les ſentimens du miniſtre, croit faire une choſe qui lui ſera très-agréable, en rejettant avec dédain les ſollicitations de Toiras pour ceux qui ont combattu ſous ſes ordres. *Monſieur De Toiras*, lui dit-il, *vous parlez bien haut en faveur de ceux qui vous ont aidé à défendre le fort Saint-Martin. Vous avez bien ſervi ; mais cinq cent gentilshommes en auroient fait autant que vous, s'ils avoient été à votre place.*

La France ſeroit bien malheureuſe, monſieur, repart Toiras, *ſi elle n'avoit pas plus de deux mille hommes capables de ſervir auſſi bien que moi; cependant ils ne l'ont pas fait, & je n'ai pas mal rempli le poſte qu'on m'a confié. Il y a en France plus de quatre mille perſonnes en état de tenir les ſceaux auſſi bien que vous. S'enſuit-*

il de-là que vous ne deviez pas recommander ceux dont vous connoissez le mérite. Hiftoire du maréchal De Toiras.

1627.

Les fuccès des armées royales dans l'ifle de Rhé encouragent au au fiège de la Rochelle, le boulevard du Calvinifme. Les Rochellois élifent pour leur maire, leur capitaine & leur gouverneur, Jean Guiton. Cet homme, dont l'efprit eft élevé & le cœur ferme, montre d'abord de l'éloignement pour cette place. Se voyant preffé par les inftances de fes compatriotes, il prend un poignard, & leur dit : *Je ferai maire, puifque vous le voulez; à condition qu'il me fera permis d'enfoncer ce poignard dans le fein du premier qui parlera de fe rendre. Je confens qu'on en ufe de même envers moi, dès que je propoferai de capituler : & je demande que ce poignard demeure tout exprès fur la table de la chambre où nous nous assemblons dans la maison de ville.* Journal du siège.

Il soutient ce caractère jusqu'à la fin. Un jour, qu'un de ses amis lui montre une personne de sa connoissance tellement exténuée par la faim, qu'elle n'a plus qu'un souffle de vie : *Etes - vous surpris de cela ?* lui dit-il. *Il faudra bien que nous en venions là, vous & moi, si nous ne sommes pas secourus.* Journal du siège.

Un autre citoyen lui disant que la faim fait périr tant de monde, que bientôt la mort achèvera d'emporter tous les habitans, *Eh bien*, répond froidement Guiton, *il suffit qu'il en reste un pour fermer les portes.* Journal du siège.

Spinola, allant d'Anvers à Madrid, veut voir un siège qui fixe l'attention de l'Europe entière. Louis XIII le reçoit avec la distinction due à un si grand capitaine ; & lui montre lui-même les travaux. Le cardinal De Richelieu le prie d'indiquer les moyens qu'il croit les

plus

plus propres à assurer & à hâter la reddition de la place. Il répond qu'il faut *fermer le port*, ce qu'on fait peu de temps après par cette digue devenue depuis si célèbre ; & *ouvrir la main*, c'est-à-dire, donner libéralement de l'argent aux soldats pour leur faire supporter les rigueurs de l'hiver. Il ajoute, en se tournant vers le roi, que la présence de sa majesté rend la noblesse de France infatigable & invincible. Un de mes grands chagrins, continue-t-il, c'est que le roi mon maître n'a pu être témoin de ce que j'ai fait pour son service ; je mourrois content, si j'avois eu cet honneur une seule fois. *Le Vassor, histoire de Louis XIII.*

La cour d'Espagne, qui voit avec chagrin que la France délivrée des guerres civiles sera très-redoutable à ses voisins, médite d'envoyer une flotte au secours des assiégés. On propose à Spinola le commandement des troupes de débarquement. *J'ai vu les opérations*, répond cet *homme illustre, & j'ai donné mes avis sur ce qu'il y avoit à faire; ainsi je ne puis pas me charger de ce qu'on desire de moi.* Mémoires de Brienne.

Les Anglois font ce que l'Espagne a eu envie de faire. Lorsque leur flotte est à la vue de la place, le prince veut envoyer un gentilhomme à la reine sa mère pour l'en avertir. Il ne s'en trouve pas un seul qui veuille se charger de la commission. Tous demandent à rester pour contribuer à la défaite de l'ennemi, & le roi est obligé de faire partir un de ses aumoniers. *Nouvelle histoire de Louis XIII.*

Lorsque, par les lenteurs & la circonspection outrée des Anglois, la Rochelle est réduite à capituler, Richelieu parle des rois de France & d'Angleterre au vaillant & ferme Guiton, qui répond qu'il vaut mieux se rendre à un roi qui a sçu prendre la place, qu'à un autre qui n'a pas sçu la secourir. *Vie du cardinal De Richelieu.*

Les députés de la ville difant au roi qu'ils viennent apporter les clefs, & le jetter à fes pieds ; le garde des fceaux, Marillac, reprend brutalement : *Vous n'êtes pas venus vous jetter au pieds du roi, vous y êtes tombés malgré vous.* Vie de Marillac.

Louis XIII ôte à la Rochelle fes privilèges. Il fait abbattre fes murs, excepté du côté de la mer, ne laiffant à cette ville que la réputation d'avoir été très-forte, & celle d'avoir foutenu un fiège de quatorze mois. Bien des gens opinoient à conferver la place, pour tenir les Huguenots eux-mêmes en échec, & pour réprimer en même-temps les étrangers par le moyen d'une forte garnifon : Richelieu lui-même eft d'abord de cet avis. Mais, ayant pénétré que le roi, auprès duquel il n'a pas encore cette autorité que le temps lui donna depuis, deftine le gouvernement de la Rochelle à Toiras, il change de fentiment, & aime mieux la voir par terre, qu'en d'autres mains que les siennes. Afin d'y déterminer le roi, il fait remarquer l'importance de la place par la peine qu'on a eue à la prendre, & le péril qu'il y auroit de retomber dans les mêmes inconvéniens, si les gouverneurs se révoltoient. *Nani, histoire de Venise.*

Le cardinal De Richelieu dit qu'il a pris la Rochelle en dépit de trois rois, le roi d'Espagne, le roi d'Angleterre, & sur-tout le roi de France. Ce qui rend cela vrai de Louis XIII, c'est que les courtisans, qui prévoyoient que le succès de cette expédition rendroit le premier ministre absolu, en dégoûtoient ce prince. *Vous verrez*, disoit Bassompierre, *que nous ferons assez fous pour prendre la Rochelle*. Mémoires du maréchal De Bassompierre.

Le duc De Rohan, chef des Calvinistes, s'appercevant après la prise de la Rochelle que les villes de son parti cherchent à faire des accommodemens particuliers avec la cour, réuffit à leur procurer une paix générale à des conditions plus avantageufes. Le feul facrifice un peu confidérable que les Huguenots font obligés de faire, c'eft celui de leurs fortifications ; ce qui les met hors d'état de recommencer la guerre. Quelques efprits chagrins, mécontens de voir tomber leurs forterefses, accufent leur général de les avoir vendus & trahis. Ce grand homme, indigné d'une fi odieufe ingratitude, préfente fa poitrine à ces enragés, en difant : *Frappez, frappez ; je veux bien mourir de votre main, après avoir mille fois hafardé ma vie pour votre fervice.* Le Vaffor, hiftoire de Louis XIII.

1628.

LES Anglois & les François, prefque toujours en guerre dans l'Acadie, font alternativement vainqueurs & vaincus. A la fin, les Anglois y acquièrent une fupériorité décidée ; & il ne refte à leurs rivaux qu'un poste au Cap de sable, qui fait la pointe méridionale de la péninsule.

Un gentilhomme François, nommé La Tour, va dans ce temps-là à Londres, y épouse une fille d'honneur de la reine d'Angleterre, & est fait chevalier de l'ordre de la jarretière. Cette distinction est la source, ou devient la récompense de l'infidélité qu'il fait à sa patrie. Il s'engage à mettre les Anglois en possession du Cap de sable ; & on lui donne deux vaisseaux de guerre, où il s'embarque avec sa nouvelle épouse.

Dès qu'il est à la vue du fort, il se fait débarquer, va seul trouver son fils qui y commande, cherche à l'éblouir par l'idée qu'il veut lui donner de son crédit à la cour de Londres, & le flatte des plus grands établissemens s'il veut se livrer à l'Angleterre. Le jeune commandant écoute avec indignation les propositions de son père, & n'est pas plus intimidé par les menaces que séduit par les caresses. Alors on prend le parti de l'attaquer ; & il défend sa place avec le même succès qu'il a défendu sa vertu.

La Tour le père se trouve embarrassé. Ne pouvant pas retourner en France, & n'osant retourner en Angleterre, il prie son fils de souffrir qu'il demeure en Acadie. Le jeune homme lui répond qu'il lui donnera un asyle, qu'il pourvoira abondamment à ses besoins ; mais qu'il ne permettra jamais que lui ou sa femme entrent dans son fort. Quoique la condition paroisse dure, on s'y soumet ; & on est dédommagé autant qu'il est possible de cette sévérité, par les attentions les plus tendres & les plus suivies. *Histoire de la Nouvelle-France.*

1629.

L'EMPEREUR, le roi d'Espagne, le duc De Savoie, toute l'Italie se déclarent contre Charles De Gonzague, duc de Nevers, que la mort du dernier duc Vincent appelle à la succeſſion de Mantoue. Louis XIII ſe détermine à ſecourir un prince qui n'a des ennemis que parce qu'il eſt établi en France. Le roi, en ſe rendant en Italie, paſſe à Châlons-ſur-Saone. Le duc de Lorraine l'y va voir; &, connoiſſant ſon extrême paſſion pour la chaſſe, lui offre une nombreuſe & excellente meute. Quoique ce prince ait, en général, peu d'empire ſur lui, il ſe trouve capable d'un effort en cette occaſion. Il refuſe un préſent qui eſt fort de ſon goût. *Mon couſin*, dit-il, *je ne chaſſe que lorſque les affaires me le permettent ; mes occupations ſont plus ſérieuſes, & je penſe à convaincre l'Europe que l'intérêt de mes alliés m'eſt cher. Quand j'aurai ſecouru le duc De Mantoue, je reprendrai mes divertiſſemens, juſqu'à ce que quelques autres de mes alliés aient beſoin de moi.* Le Gendre, hiſtoire de France.

1629.

Louis XIII force les trois barricades du pas de Suze, & oblige les Espagnols à lever le siège de Casal. Cette place, dont le duc De Mantoue avoit confié la garde aux François, étant attaquée par le général des troupes Espagnoles, Gonzalès De Cordoue, le marquis De Montausier résolut de s'y jetter, afin de partager les périls & la gloire de ceux qui s'y trouvoient enfermés. Il partit de Paris dans ce dessein, & s'avançoit à grandes journées vers le terme de ses desirs, lorsque la pétite vérole l'arrêta en Suisse, par où il avoit pris son chemin.

A peine fut-il hors de danger qu'il se rendit à Mantoue, où la difficulté d'entrer dans Casal retenoit plusieurs François considérables dans l'inaction. Cet obstacle ne l'arrête pas. Il s'habille en cordelier ; &, prenant pour guide un religieux de cet ordre qui connoiſſoit les chemins, il entre heureuſement dans la ville. On l'y reçoit avec la diſtinction due à une ardeur ſi louable ; & le marquis De Beuvron, qui y commande, prend pour lui une eſtime & une amitié qui ſont bientôt juſtifiées par des actions héroïques.

Beuvron ayant été tué dans une ſortie, les officiers, les ſoldats, les bourgeois, tous, éliſent unanimement, pour leur chef, Montauſier qui n'a que vingt & un ans, & qui fait ſes premières armes. On ſe défend un an entier, & on donne le temps à Louis XIII, qui aſſiège la Rochelle, de prendre cette ville, & de paſſer les Alpes. *Vie du marquis De Montauſier.*

1630.

LA perſécution contre le duc De Mantoue continuant, le cardinal De Richelieu, avide de toutes les eſpèces de gloire, ſe met à la tête d'une armée Françoiſe, paſſe la Douère la nuit du 17 an 18 mars, & marche jufqu'à Rivoli, par un temps afreux. Le nouveau général n'entend que des imprécations contre lui, & s'en plaint amèrement à Puyfégur. *Quand les foldats fouffrent*, lui dit ce brave officier, *ils ne manquent jamais de donner au diable tous ceux qu'ils croient en être la caufe; mais auffi, quand ils font à leur aife, ils difent toujours du bien du commandant, & s'enivrent fouvent en bûvant à fa fanté.* Il faudroit pourtant, reprend le cardinal, *leur défendre de dire tant de fottifes.* Dès que l'armée eft logée dans le bourg de Rivoli, Richelieu, qui entend de tous côtés chanter fes louanges, fait fupprimer l'avis qu'il a voulu qu'on donnât aux troupes. Il attaque tout de fuite Pignerol, s'en rend maître fans coup férir, & ravitaille Cafal. *Mémoires de Puifégur.*

1630.

LE duc De Montmorenci attaque

les Espagnols près de Veillane dans le Piémont, &, quoiqu'avec des forces très-inférieures, les bat complettement. Il fait, dans cette occasion, des prodiges de valeur. Les soldats le voyant revenir couvert de sueur, de poussière & de sang, disent que leur général n'a jamais eu si bonne mine ; & que l'or dont ses armes étoient enrichies, avant qu'il entrât en action, avoit beaucoup moins d'éclat que les marques imprimées par le fer & par le plomb.

Le comte De Cramail lui demande si, parmi les hasards du combat, il a envisagé la mort. *J'ai, répond-il, appris dans la vie de mes ancêtres que la vie la plus glorieuse est celle qui finit au gain d'une bataille ; & que, l'homme ne l'ayant que pour peu de temps, nous devons la rendre la plus éclatante qu'il est possible.*

A peine a-t-il prononcé ces paroles héroïques, qu'on lui annonce Doria qui a été fait prisonnier. *Voilà*, dit l'officier Italien, en montrant

Montmorenci, *voilà celui de qui j'ai reçu mes premières blessures.* Le général François le console de la manière la plus obligeante, recommande qu'on en prenne tous les soins possibles, & le fait coucher dans le lit préparé pour lui-même. *Vie de Montmorenci.*

Montmorenci demande à un des principaux prisonniers Espagnols, don Martin, quel étoit le nombre des vaincus. *Ceux de ma nation,* répond celui-ci froidement, *ne sçavent ce que c'est que reculer. On n'a qu'à compter combien il y a d'Espagnols tués ou prisonniers.* Vittorio Siri.

1630.

LES Impériaux qui, de concert avec les Espagnols, travaillent à dépouiller le duc De Mantoue, attaquent les Vénitiens, armés avec la France pour sa défense. Ces républicains s'enfuient avec tant de désordre & de précipitation, qu'on ne daigne pas tirer l'épée contre des gens si lâches. Les Allemands prennent en main des fouets & des bâtons, & pourfuivent les vaincus en leur infultant de la manière la plus fanglante. Quoi ! leur crient-ils, *vous ofez vous préfenter devant les troupes de l'empereur ?*

La déroute de Vélazzo caufe tant de honte à la république, qu'elle fouffre impatiemment que les auteurs étrangers même en parlent dans leurs livres. Capriata, hiftorien Génois, l'ayant ingénuement écrite, on fe foulève tellement contre lui à Venife, qu'un infâme bandit fe flatte d'obtenir la grace des crimes pour lefquels on l'a condamné, en offrant aux inquifiteurs d'état d'affaffiner un auteur trop libre & trop hardi. Cette affreufe propofition eft rejettée avec toute l'indignation qu'elle mérite. *Le Vaffor, hift. de Louis XIII.*

Le comte De Guiche eft fait prifonnier dans cette occafion par le Corfe Pìètro Ferrari, qui, pour en tirer une groffe & prompte rançon, le traite avec toute l'inhumanité poſſible dans le château de Goëtte dont il eſt gouverneur. Quelques officiers de ſa garniſon, indignés de voir traiter avec tant de barbarie un homme de qualité, brave & plein d'honneur, repréſentent que c'eſt violer le droit des gens. *Meſſieurs*, leur répond le féroce Corſe, *je vous dirai que mon père eſt mort, & que je m'en ſuis conſolé; ce maraut crèvera, & je m'en conſolerai*. Mémoires du maréchal De Gramont.

1630.

Les Eſpagnols, forcés, en 1629, de lever le ſiège de Caſal, le recommencent. Les François, qui défendent la place ſous les ordres de Toiras, font un de ces traits de fauſſe bravoure qui forme une partie de leur caractère. Un grand nombre des officiers de la garniſon ſoupant un jour chez le commandeur De Souvré, Daradas, qui a été autrefois favori de Louis XIII, propoſe d'aller danser sur une demi-lune, d'y boire à la santé de tous les princes Chrétiens, & de finir par celle de Spinola chef des assaillans. L'invitation est reçue avec acclamation par tous les convives. On part dans l'instant. Un trompette & un aveugle avec sa vielle, servent de violons. Pendant que ces débauchés se divertissent si bien, les Espagnols mettent le feu à un fourneau préparé sous la demi-lune. Douze danseurs sautent en l'air, d'autres sont enterrés; tous perdent la vie. On prétend que l'aveugle s'enfuit sans guide, & passa lui seul sur une planche mise sur le fossé, que les plus clairvoyans ne passoient pas sans crainte *Hist. du maréchal De Toiras.*

Malgré ce malheur, Toiras se défend avec tant d'habileté, & est si bien secondé par sa garnison, que Spinola s'écrie avec admiration: *Qu'on me donne cinquante mille hommes aussi vaillans & aussi bien disciplinés, je me rendrai maître de l'Eu-*

rope. Vie du maréchal De Toiras.

Les fréquentes forties, les traits de vigueur, les inventions nouvelles de Toiras étonnent l'Europe, fans pouvoir le réconcilier avec Richelieu, qui avoit toujours traverfé fon élévation. *On prétend,* dit plaifamment le duc De Guife à cette occafion, *on prétend que faint Roch eft devenu faint à force de faire des miracles ; pour monfieur De Toiras, il deviendra maréchal de France malgré qu'on en ait, à force de faire de grandes actions.* Hiftoire du maréchal De Toiras.

1630.

LORSQU'IL devient douteux fi Cafal fera ou ne fera pas pris, Jules Mazarin parvient à conclure une trève entre les François & les Efpagnols. Quelque temps auparavant, Spinola, voyant fa fanté très-dérangée, s'étoit fait porter au château de Scrivia. Dès que les hoftilités ont ceffé, Toiras va l'y voir. *Je ne dou-*

te pas, lui dit ce grand général, *que tout le monde ne me blâme de n'avoir pas pris Casal ; mais j'ai en moi-même la satisfaction d'en avoir été empêché par une brave résistance.* Il se tourne ensuite vers Saint-Aunez, neveu de Toiras, & ajoute : *Je vous ai voulu grand mal un jour que vous vîntes maltraiter ma cavalerie ; mais c'est une haine qu'il est agréable de s'attirer de la part des ennemis.* Histoire du maréchal De Toiras.

1630.

La seule instruction qu'il convienne de donner à un général expérimenté & fidèle, c'est celle que le sénat de Rome donnoit à ses consuls & à ses dictateurs : *Vide ne quid detrimenti respublica capiat.*

Ambroise Spinola, un des plus grands généraux du dix-septième siècle, avoit très-heureusement servi l'Espagne en Allemagne & en Flandre. Des ordres imprudents qui lui viennent régulièrement de Madrid,

& dont il ne lui est pas permis de s'écarter, sous quelque prétexte que ce puisse être, le font échouer devant Casal. Il en meurt comme désespéré, répétant jusqu'au dernier soupir ces paroles Espagnoles : *Me han quitado la honra :* Ils m'ont ravi l'honneur. Histoire du maréchal De Toiras.

Il est rare qu'un Espagnol ait une valeur distinguée. Pour qu'il ait une hardiesse & une fermeté digne de son pays, il faut qu'il soit fondu dans un escadron ou dans un bataillon. Les corps entiers sont capables de très-grandes choses, quoique chaque membre pris séparément ait peu d'élévation. Spinola disoit souvent qu'*un Espagnol seul, quoique bon soldat, n'étoit bon qu'à faire sentinelle*. Vie du duc D'Ossonne.

1630.

TOIRAS ayant donné à Spinola les marques d'estime dues à sa réputation, & rendu les soins que sa situation exige, se rend au camp François. Il demande qu'on retire pour deux cent cinquante mille livres de mauvaise monnoie que, durant le siège, on a bien voulu sur sa parole prendre pour bonne. Le maréchal De Schomberg, qui ne l'aime pas & qui est peut-être jaloux de lui, répond brusquement qu'il ne reste dans la caisse militaire que ce qu'il faut pour payer une montre aux troupes.

Les officiers de l'armée sont bientôt informés de la demande de Toiras, & du refus qu'il essuie. Ils vont trouver leur général, & le prient de payer ce qui est dû à Casal, protestant qu'ils aiment mieux se passer de paie que de souffrir qu'on oblige monsieur De Toiras à manquer à la parole qu'il a donnée. *Mémoires de Puiségur.*

1630.

TOIRAS de retour à Paris après le siège de Casal, Gaston, frère de Louis XIII, est curieux de sçavoir les particularités d'un siège qui fait l'entretien de toute l'Europe. Ce brave homme, né modeste, entre dans les plus grands détails, sans jamais se nommer. Il parle toujours de lui-même à la troisième personne, en disant : » Celui qui commandoit dans » la place donna tel ordre, fit une tel-» le sortie, &c. «

» Il étoit si fort l'objet de l'at-
» tention publique, qu'il étoit con-
» traint de se mettre presque toujours
» à la portière pour se laisser voir.
» Les plus honnêtes gens cher-
» choient avec soin les occasions de
» le voir en particulier & de parler
» à lui. A ce propos, nous en di-
» rons un exemple d'un homme de
» nom qui a été sçu d'un chacun. Le
» sieur Chauvelin, fameux avocat
» consultant du parlement de Paris,
» avoit cette passion. Il sçut que le
» maréchal alloit dîner chez le sieur
» Martin, intendant & contrôleur
» général de l'écurie du roi, hom-
» me splendide & généreux. Il le

» pria que par son moyen, il pût
» voir & parler à cet homme qu'il es-
» timoit le premier de son siècle. On
» le lui accorde. Il y vient paré de
» tous les ornemens d'un homme de
» sa condition. Il aborde le maré-
» chal, le salue, &, lui voulant dire
» un compliment, ses yeux le com-
» mencerent : car il fondit en larmes
» de joie qu'il eut de le voir. Et, après
» que les paroles eurent secondé ses
» pleurs & exprimé son contente-
» ment, il s'en retourna à sa maison,
» où, parmi ses enfans, il établit pour
» loi inviolable que, toutes les fois
» qu'on y diroit graces à la fin du
» repas, après le *Domine, salvum fac*
» *regem*, on priât dieu nommément
» pour le maréchal De Toiras. «
Histoire du maréchal De Toiras.

1630.

MAZARIN ayant réussi, par son adresse & son activité, à rétablir la concorde entre les armées Autrichienne & Françoise, qui étoient sur le point de se charger devant Casal, les généraux de l'empereur vont faire visite aux généraux François, qu'ils trouvent à table. *Je suis bien fâché, messieurs*, leur dit le maréchal De Schomberg, *de ce que vous ne m'avez pas averti ; je serois allé vous recevoir à l'entrée de mon camp. Nous l'avons fait exprès*, répond Picolomini qui n'a pas moins d'esprit que de courage ; *nous voulions vous surprendre dans la paix, n'ayant pu le faire durant la guerre. Trouvez bon, monsieur,* ajoute-t-il, *que je vous avoue que j'ai été fort étonné en venant ici. Je n'avois jamais vu d'armée plus belle, mieux rangée & plus animée au combat que la vôtre, lorsqu'elle s'approchoit hier pour forcer nos retranchemens ; & je trouve aujourd'hui votre camp désert : on n'y voit que des armes en désordre & en confusion par-tout.*

Lorsque je vins d'Allemagne pour entrer au service de France, répond Schomberg, *je fus étonné, comme vous*, de cette humeur des gens du pays. Mais, lorsque je fus accoutumé à leurs manières, je reconnus qu'ils sont extrêmement courageux quand il est question de combattre, & fort portés à se donner du bon temps quand ils n'ont plus d'ennemi. S'ils mettent facilement alors les armes bas, ils ne sont pas moins prompts à les reprendre au premier signal. Je veux que vous soyez témoin de ce que je dis. On va battre le tambour; & je vous réponds que l'armée sera en ordre, lorsque vous traverserez le camp à votre retour.

Les officiers qui entendent ce discours montent sur le champ à cheval, parcourent les villages voisins, & se donnent des soins infinis pour rassembler les troupes sous leurs drapeaux. De son côté, Schomberg emploie les ressources de son esprit & l'étendue de ses connoissances pour arrêter insensiblement les généraux Impériaux. Il leur fait ensuite prendre un détour qui donne encore du temps. Enfin, son adresse

&

& la diligence de ceux qui étoient entrés dans fes vues, font fi grandes & fi heureufes, que, précifément dans l'inftant qu'il faut, l'armée fe trouve dans un très-bel ordre, les officiers la pique à la main, les foldats avec leurs armes, tous ayant une contenance véritablement militaire.

Picolomini croit être dans un enchantement. Il avoue qu'on ne peut rien voir de pareil dans l'Europe. *En vérité, monfieur*, dit-il à Schomberg, *il n'y a point de honte à être vaincu par tant de braves gens que d'habiles généraux conduifent.* Vittorio Siri.

1630.

L'EMPEREUR Ferdinand II, ayant ruiné tous les efforts que les Proteftans ont faits fucceffivement pour la caufe de l'électeur Palatin, veut les obliger à la reftitution des biens eccléfiaftiques. Cet édit, dont l'obfervation doit entraîner néceffairement la chûte du Luthéranisme, cause une terreur générale : on sent qu'on ne peut être garanti de l'oppression que par la Suède ; & on y a recours.

Gustave Adolphe avoit porté la guerre en Pologne l'année précédente. Comme son armée n'étoit composée que de treize mille hommes, & que ses ennemis étoient infiniment plus forts, ses généraux, qui n'étoient pas encore accoutumés aux choses héroïques qu'ils lui virent faire depuis, parurent allarmés du péril auquel il alloit s'exposer. *Puisque les Polonois sont en si grand nombre*, dit-il fièrement, *nos gens en tireront plus surement*. Un succès complet justifia cette noble confiance. Les Polonois furent battus & presque détruits à Stum. *Pufendorff*.

Les ministres de Gustave veulent le détourner de la guerre d'Allemagne, sous prétexte qu'il manque d'argent. *Les pays que je vais attaquer*, dit-il, *sont riches & efféminés : mes* armées ont du courage & de l'intelligence ; elles arboreront mon étendard chez l'ennemi, qui payera mes troupes. Journal étranger.

Ferdinand, voyant Guſtave arrivé dans l'Empire, lui demande les raiſons de ſon irruption, & le menace d'envoyer toutes ſes forces contre lui, s'il perſiſte à ſe mêler des différends du corps Germanique. Guſtave reçoit la lettre de l'empereur avec politeſſe, & dit au gentilhomme, qui la lui remet, qu'elle mérite des réflexions ſérieuſes. *Je ne manquerai pas d'y répondre,* ajoute-t-il d'un air railleur, *dès que je ſerai guéri de la bleſſure qu'un aigle m'a fait au bras.* Le roi de Suède veut faire entendre qu'avant de répondre, il veut être vengé du tort que lui a fait la maiſon d'Autriche, en donnant des ſecours conſidérables au roi de Pologne, Sigiſmond, pour chaſſer les Suédois de la Pruſſe. *Khévenhuller.*

Le grand Guſtave commence ſes conquêtes en Allemagne par l'iſle de Rugen, & par la Poméranie, pour être assuré de ses derrières. Il défend, sous les plus grièves peines, de faire le moindre tort aux habitans, & distribue même du pain aux pauvres. Il a pour maxime que, *pour se rendre maître des places, la clémence ne vaut pas moins que la force.* Foresti, histoire des rois de Suède.

1631.

GUSTAVE s'empare de Demmin, place de Poméranie, beaucoup plus forte qu'elle ne l'a été depuis. Le Romain Savelli qui y commande se rend si lâchement, que le roi de Suède ne peut s'empêcher de lui dire : *Je vous conseille, monsieur, de servir désormais l'empereur à sa cour, & non dans ses armées.* Vittorio Siri.

1631.

LE comte De Tilli, chef des troupes Catholiques en Allemagne, se jette dans la basse Saxe, & y vit à discrétion. Les princes qui en souffrent le plus lui envoient une députation pour se plaindre des désordres que ses troupes commettent dans leurs états. Ce général, pour toute réponse, leur dit que *les soldats de sa majesté impériale ne sont pas des oiseaux qui puissent voler dans l'air & y chercher leur nourriture.* Pufendorff.

1631.

Les plaines de Leipsick sont le théâtre d'une importante & sanglante bataille entre Gustave & Tilli. Le dernier est défait. Le roi de Suède charge l'électeur de Saxe, qui a combattu avec lui, de porter la guerre dans la Silésie & dans la Bohême, & entre lui-même dans la Franconie, dans le Palatinat, dans l'évêché de Mayence, où il s'arrête quelque temps.

Son chancelier Oxenstiern l'y joint. *Sire, lui dit-il, j'aurois été plus content de vous féliciter de vos conquêtes à Vienne qu'à Mayence.* Le héros, qui sent très-bien la juftice du reproche que ces mots renferment, & qui probablement fe l'eft déjà fait lui-même, répond fimplement que l'armée Autrichienne s'étant retirée en Franconie, il n'a pu fe difpenfer de la fuivre. *Struvius.*

La grande maxime de Tilli avoit toujours été de ne jamais mettre le pied dans l'eau, à moins qu'il n'en découvrît le fond. Il s'écarte de ce principe le jour de la bataille de Leipfick. *Le Vaffor.*

1632.

TILLI, battu par les Suédois fur les bords du Lech, fe retire à Ingolftadt, où il meurt de fes bleffures. Il fait un legs de foixante mille richfdales aux vieux régimens qui ont fervi fous lui, afin que fa mémoire leur foit toujours chère. Au commencement du dix-feptième fiècle, il paffoit pour le plus grand capitaine de l'Europe ; il avoit encore cette réputation un an avant fa mort. Guflave la lui avoit fait perdre. *Mercure François.*

Le comte De Marſin, gentilhomme Liégeois, de beaucoup d'eſprit & d'un grand courage, qui paſſa au ſervice de France, avoit appris la guerre ſous Tilli, ſon compatriote. Il diſoit ſouvent qu'étant entré à quatorze ans cadet dans le régiment d'infanterie de ce général, il s'y étoit trouvé avec vingt huit gentilshommes Liégeois, Lorrains ou Allemands, dont quatorze commandèrent dans la ſuite des armées. C'eſt une choſe ſi extraordinaire, qu'elle n'eſt peut-être arrivée que cette fois-là. *Mémoires de Lainet.*

1632.

GUSTAVE, méditant le ſiège d'Ingolſtaldt, va reconnoître une fortification qu'il veut faire attaquer. Les canonniers de la place, qui ſe doutent que c'eſt un officier fort conſidérable, tirent ſur lui ſi juſte, qu'un boulet emporte la croupe du cheval qu'il monte. Il tombe deſſous, enféveli dans la boue & couvert de ſang ; mais il ſe relève promptement, ſaute ſur un autre cheval, raſſure ſes gens éperdus, rend graces à dieu, & continue de donner ſes ordres.

Gaſſion, qui commande une compagnie de cavalerie dans l'armée Suédoiſe, eſt, ſelon ſa coutume, un des premiers qui accourent au roi. Cet empreſſement, joint aux grandes actions qu'il fait tous les jours, lui vaut un régiment. *Ce ſera un régiment de chevet ; on pourra dormir auprès dans une entière ſécurité*, dit Guſtave, qui a le talent heureux de relever le prix de tous les grades qu'il donne. *Hiſtoire du maréchal De Gaſſion.*

1632.

GUSTAVE attaque, près de Furt en Franconie, dans un camp redoutable, les Impériaux commandés par Walſtein. Il ſe fait dans cette journée des prodiges de valeur. La victoire change plusieurs fois de parti. Enfin, le roi de Suède, désespérant de forcer les retranchemens ennemis, veut faire retirer ses troupes. Comme la plus part de ses généraux ont été tués ou blessés dans cette terrible action, il est forcé de s'adresser à un vieux colonel Catholique Ecossois, nommé Hébron.

Cet officier, dont la religion avoit empêché l'avancement, avoit obtenu son congé du prince, & juré de ne plus tirer l'épée pour lui. Gustave ne l'ignoroit pas ; mais il compte sur la générosité d'un homme dont il connoît le courage. En effet, Hébron oublie sa résolution dans une conjoncture si importante : *Voilà la seule occasion où je veux bien encore vous servir*, dit-il à son général. Aussitôt, courant au fort de la mêlée, il porte aux troupes les ordres du roi, & leur fait faire une si belle retraite, que les Impériaux n'osent les attaquer. Il part ensuite pour sa patrie, sans vouloir écouter les offres qu'on lui fait pour le retenir. *Pufendorff.*

1632.

Gustave & Walstein, s'étant portés dans la Misnie, se disposent à une bataille. Le duc De Saxe-Lawembourg dit au roi de Suède, avant l'action, que Gassion a acheté deux excellens chevaux, l'un pour vaincre, l'autre pour poursuivre les vaincus. Gustave ajoute: *Il en faut un troisième pour combattre; car ces gens-ci n'ont pas la mine de lâcher sitôt le pied.* Vie du maréchal De Gassion.

En effet, le commencement de la bataille de Lutzen n'est pas favorable aux Suédois. Leur roi, qui les voit dans un grand désordre, descend de cheval, se met à la tête des régimens qui lâchent pied, & leur dit, la pique à la main, *que si, après avoir passé tant de fleuves, escaladé tant de murailles, remporté tant de victoires, ils n'ont pas le courage de se défendre, ils fassent ferme du moins pour le voir mourir.* Ce discours, où la louange & le blâme sont heureusement mélés, a un succès complet. Les troupes s'arrêtent, se orment, retournent sur leurs pas, regagnent leur artillerie, & emportent les retranchemens du camp ennemi. *Barre, histoire d'Allemagne.*

La victoire coûte cher aux Suédois, puisqu'elle leur coûte leur roi, qui est tué dans l'action. Ce prince paroissoit avoir quelque pressentiment de son malheur, lorsque voyant, peu de jours auparavant, les peuples accourir en foule au-devant de lui avec de grandes démonstrations de joie, de respect & d'admiration, il dit *qu'il craignoit bien que dieu, offensé de leurs acclamations, ne leur apprît bientôt que celui qu'ils sembloient révérer comme un dieu, n'étoit qu'un homme mortel.* Pufendorff.

On a dit du grand Gustave qu'il

étoit mort l'épée à la main, le commandement à la bouche, & la victoire dans l'imagination. *Langlet du Fresnoi.*

Gustave disoit qu'il n'y avoit point d'hommes plus heureux que ceux qui mouroient en faisant leur métier: il eut cet avantage. *La Mothe le Vayer.*

On célébra la mort de Gustave, dans les principales villes d'Espagne, par des fêtes publiques & indécentes. Ces excès, dans lesquels on ne reconnoît pas un peuple grave & magnanime, ne jettoient guère moins d'éclat sur les cendres de ce héros, que les pleurs de ses alliés, & la rapidité de ses conquêtes. Philippe donna à ses sujets l'exemple de la bassesse & de la démence, en assistant à une farce burlesque intitulée, *La mort du roi de Suéde,* dont la représentation dura douze jours. *Abrégé chronologique de l'histoire d'Espagne.*

Le grand Gustave a appris la guerre à l'Europe; & on peut lui appliquer ces paroles de Florus sur le troisième roi de Rome : *Hic omnem militarem disciplinam, artemque bellandi condidit.* Revenant un jour d'une attaque, où il avoit été exposé cinq heures de suite à un feu terrible, Gassion lui dit que *les François verroient avec déplaisir leur souverain courir d'aussi grands risques. Les rois de France*, répondit Gustave, *sont de grands monarques; & moi, je suis un soldat de fortune.* Vie du maréchal De Gassion.

Les vertus de Gustave répondoient à ses talens. On ne lui a reproché que deux défauts, l'emportement & la témérité. Il se justifioit, par deux maximes moins vraies qu'il ne pensoit. *Puisque je supporte patiemment les travers de ceux auxquels je commande, ils doivent aussi excuser ma promptitude & la vivacité de mon tempérament.* C'est ainsi qu'il repondoit au premier reproche ; voici comment il rejettoit le second : *Un roi se déclare indigne de la couronne qu'il porte, lorsque, dans un engagement, il fait difficulté de se battre comme un simple soldat.* Pufendorff.

Gustave, qui au milieu de ses succès veilloit sans relâche au bon ordre, regardoit les combats particuliers comme la ruine totale de la discipline. La fureur des duels étoit avant lui une espèce de maladie épidémique. Rien n'étoit plus commun que de voir, non seulement les officiers, mais les simples soldats s'égorger pour rien. Le conquérant, résolu d'abolir dans son armée cette coutume barbare, prononça la peine de mort contre tous ceux qui se battroient en duel.

Quelque temps après que cette loi eût été portée, deux officiers supérieurs, & d'une grande considération, qui avoient eu quelque demêlé ensemble, demandèrent au roi la permission de vuider leur querelle l'épée à la main. Gustave est d'abord indigné de la proposition : il y consent néanmoins ; mais il ajoute qu'il veut être lui-même témoin du combat, dont il affigne l'heure & le lieu.

Il s'y rend avec un corps d'infanterie qui environne les deux champions. Enfuite il appelle le bourreau de l'armée, & lui dit : *Mon ami, dans l'inftant qu'il y en aura un de tué, coupe, devant moi, la tête à l'autre.* A ces mots, les deux généraux reftèrent quelque temps immobiles; puis ils fe jettèrent aux pieds du roi, lui demandèrent pardon, & fe jurèrent l'un à l'autre une éternelle amitié. Depuis ce moment, on n'entendit plus parler de duels dans les armées Suédoifes. *Hiftoire de Guftave Adolphe, par Harte.*

Guftave, qui donnoit des foins très-fuivis aux exercices militaires, avoit le même zèle pour tout ce qui intéreffoit la religion. Il compofa lui-même des prières, qu'on récitoit tous les jours dans fon camp à des heures marquées. Ce prince avoit coutume de dire qu'un bon Chrétien ne pouvoit pas être un mauvais foldat.

Sous sa tente, au milieu du tumulte des armes, il donnoit quelque temps à la lecture de la parole de dieu. *Je cherche à me fortifier contre les tentations, en méditant nos livres sacrés*, dit-il un jour à quelqu'un de ses officiers qui le surprit dans ce pieux exercice. *Les personnes de mon rang ne sont responsables de leurs actions qu'à dieu ; & cette indépendance donne occasion à l'ennemi de notre salut de nous tendre des pièges dangereux, contre lesquels nous ne pouvons être assez sur nos gardes.* Harte, histoire de Gustave Adolphe.

» Quelqu'un louoit les grands pro-
» grès de Gustave en Allemagne,
» & soutenoit, en sa présence, que
» sa valeur, ses grands desseins &
» ses hauts faits d'armes étoient les
» ouvrages les plus accomplis de la
» providence qui furent jamais ; que
» sans lui la maison d'Autriche s'a-
» cheminoit à la monarchie univer-
» selle, & à la destruction de la re-
» ligion des Protestans ; qu'il paroîs-

» soit bien, par les miracles de sa
» vie, que dieu l'avoit fait naître
» pour le salut des hommes ; & que
» cette grandeur démesurée de son
» courage étoit un présent de la
» toute-puissance, & un effet visible
» de sa bonté infinie.

» Dites plutôt, repartit le roi,
» que c'est une marque de sa co-
» lère. Si la guerre que je fais est
» un remède, il est plus insuppor-
» table que vos maux. Dieu ne s'é-
» loigne jamais de la médiocrité pour
» passer aux choses extrêmes, sans
» châtier quelqu'un. C'est un coup
» de son amour envers les peuples,
» quand il ne donne aux rois que
» des ames ordinaires. Celui qui n'a
» point d'élévation excessive, ne
» conçoit que des desseins de sa
» portée : la gloire & l'ambition
» le laissent en repos. S'il s'appli-
» que à ses affaires, ses états en de-
» viennent plus heureux : &, s'il se
» décharge de ses soins sur quel-
» qu'un de ses sujets à qui il fait

» part de son autorité, le pis qu'il
» peut en arriver, c'est qu'il fait sa
» fortune aux dépens de son peu-
» ple ; qu'il impose quelques subsi-
» des, pour en tirer de l'argent &
» pour avancer ses amis ; & qu'il
» fait gronder ses égaux, qui ont
» peine à souffrir son pouvoir. Mais
» ces maux sont bien légers, & ne
» peuvent être en aucune considé-
» ration, si on les compare à ceux
» que produisent les humeurs d'un
» grand roi. Cette passion extrême
» qu'il a pour la gloire, lui faisant
» perdre tout repos, l'oblige né-
» cessairement à l'ôter à ses sujets.
» Il ne peut souffrir d'égaux dans
» le monde : il tient pour ennemis
» ceux qui ne peuvent être ses vas-
» saux. C'est un torrent qui désole
» les lieux où il passe ; &, portant
» ses armes aussi loin que ses espé-
» rances, il remplit le monde de ter-
» reur, de misère & de confusion. «
De Callière, Fortune des gens de qualité.

On n'a pas vu, chez les Grecs ni chez les Romains, d'armée mieux disciplinée que celle des Suédois durant la guerre de trente ans. Tous les enfans qu'ils avoient eus depuis l'entrée de Gustave Adolphe en Allemagne, étoient accoutumés aux coups de fusil, & portoient, dès l'âge de six ans, de quoi manger à leurs pères, qui étoient dans les tranchées ou en faction. Quoique l'armée ne soit pas un lieu favorable pour suivre une éducation, on leur faisoit apprendre à lire & à écrire dans les écoles établies dans le quartier d'hiver, ou dans le camp, lorsqu'on étoit en campagne. Les ennemis étoient quelquefois si proche, que leur canon portoit jusques sur la petite école, & emportoit trois ou quatre enfans d'un seul coup, sans que les autres changeassent de place, ou quittassent leur plume. Les recrues ne se faisoient plus que parmi les enfans nés dans le camp, & n'avoient garde de déserter jamais, parce qu'ils ne connoissoient ni d'autre état, ni d'autre patrie. *Ecrit intitulé, Motifs de la France pour la guerre d'Allemagne.*

1632.

GASTON, duc D'Orléans, frère de Louis XIII, excite des troubles en France. Le duc De Montmorenci a la foiblesse d'embrasser les intérêts d'un prince si léger, & de le recevoir dans son gouvernement de Languedoc, qui devient le théâtre de la guerre. Lorsque les armées sont sur le point de se charger dans le voisinage de Castelnaudary, Montmorenci, qui apperçoit dans le chef de son parti une contenance mal-assurée, lui dit, pour le ranimer : *Allons, monsieur ; voici le jour où vous serez victorieux de vos ennemis.* Mais, ajoute-t-il en montrant son épée, *il faut la rougir jusqu'à la garde.*

Ce discours ne faisant pas l'impression que Montmorenci desire, cet homme généreux, autant entraîné par son chagrin que par sa valeur, se précipite dans les bataillons royalistes, y est battu & fait prisonnier. On lui fait son procès. Les juges interrogent Guitaut, pour sçavoir s'il a reconnu le duc dans le combat. *Le feu & la fumée dont il étoit couvert*, répond cet officier les larmes aux yeux & d'une voix entrecoupée de sanglots, *m'ont empêché d'abord de le distinguer. Mais voyant un homme, qui, après avoir rompu six de nos rangs, tuoit encore des soldats au septième, j'ai jugé certainement que ce ne pouvoit être que monsieur De Montmorenci. Je ne l'ai sçu certainement que lorsque je l'ai vu à terre sous son cheval mort.* Histoire du Languedoc.

Toute la France s'intéresse, inutilement, à Montmorenci. Richelieu veut faire un exemple qui épouvante les grands; & il n'en peut pas faire de plus éclatant que sur la tête la plus chérie du royaume. Parmi les personnes qui follicitent en fa faveur, Du Chatelet, quoique dévoué au cardinal, le fait d'une manière ingénieufe qui fait honneur à fon efprit & à fon cœur. Toutes les fois qu'on implore la clémence du roi en faveur du coupable, Du Chatelet méle fes fupplications aux prières des autres, & fes regards parlent quand il n'ofe parler lui-même. Un jour que Louis le voit dans cet embarras, *Je penfe*, dit-il, *que monfieur Du Chatelet voudroit avoir perdu un bras pour fauver monfieur De Montmorenci. Je voudrois, fire,* replique Du Chatelet, *en avoir perdu deux inutiles à votre fervice, & en fauver un qui vous a gagné des batailles, & qui en gagneroit bien encore.* Nicéron, hommes illuftres.

Un grand feigneur dit au roi qu'il peut juger, aux yeux & au vifage du public, à quel point on defire qu'il pardonne à Montmorenci qu'il va faire périr. *Je crois ce que vous dites, répond le prince : mais confidérez que je ne serois pas roi, si j'avois les sentimens des particuliers.* La Mothe le Vayer.

Lorsque la nouvelle de l'exécution de Montmorenci arrive à Madrid, le cardinal Zapata, homme de beaucoup d'esprit, demande à Bautru quelle est la plus grande cause de la mort du duc. *Ses fautes*, répond tout de suite l'ambassadeur de France. *Sus falsas. No, paro clemensia de los royes antepassados*, repart le cardinal : ce qui est dire proprement, que les fautes des prédécesseurs du roi sont plutôt la cause du châtiment de Montmorenci que les siennes propres. *Notes sur le Testament du cardinal De Richelieu.*

1633.

L'EMPEREUR se plaint de n'avoir pas de quoi payer ses armées. *Je ne vois à ce malheur qu'un remède,* dit Walstein; *c'est de les doubler.* Eh ! comment pourrois-je entretenir cent mille hommes, replique Ferdinand, *puifque je fuis hors d'état d'en entretenir cinquante mille ? Cinquante mille*, repart l'habile général, *tirent leur fubfiftance du pays ami, & cent mille la tireroient du pays ennemi.* Réflexions militaires de Santa-Cruz.

1533.

» Après le fiège de Nanci, Louis
» XIII, dit Puifégur, envoya mon-
» fieur De la Force affiéger Epinal;
» &, comme il fortoit de fon logis,
» étant à la tête de ma compagnie
» qui étoit de garde, il me dit : Mon-
» fieur De Puifégur, certes, il me
» femble que vous devriez bien bat-
» tre aux champs, quand je fors,
» puifque nous fommes hors du
» royaume : car, pour dans le royau-
» me, je fçais bien que cela n'eft
» dû qu'au roi. Je lui dis, Monfieur,
» j'en parlerai à monfieur De la
» Ilière, qui commande le régi-
» ment, & à monfieur Lambert.
» Sur quoi les capitaines s'affemblè-
» rent, & m'envoyèrent à Nanci
» trouver

»trouver le roi, à qui je dis la pré-
»tention de monsieur le maréchal
»De la Force. Il me dit d'abord
»que cela ne lui étoit pas dû, &
»qu'il ne le vouloit pas. Je lui dis:
»sire, il dit qu'il sçait bien que cela
»ne lui est pas dû en France; mais
»que, hors du royaume, il lui est dû:
»Que même, quand l'armée de Hen-
»ri IV alla dans le pays de Juliers,
»aussi tôt qu'elle fut hors de Fran-
»ce, elle battit aux champs devant
»monsieur le maréchal De la Chas-
»tre qui la commandoit. Lorsque
»le roi eut entendu cela, il me dit:
»S'il vous le commande encore une
»fois, faites-le: mais souvenez-vous
»de ne le faire jamais dans le royau-
»me; car cela n'appartient qu'à moi.«
Mémoires de Puiségur.

1634.

LE maréchal De la Force attaque la Mothe, ville de Lorraine.
Quoique les fortifications fussent
peu de chose & que la garnison ne

fût rien, le siège dure cinq mois entiers par un événement très-singulier. Ische, qui commande dans cette bicoque, ayant été tué, son frère qui est capucin prend sa place, paroît tout à coup soldat & capitaine, communique à tout le monde l'enthousiasme dont il est saisi, hasarde des sorties tout-à-fait heureuses, & se dispose à soutenir l'assaut avec la plus grande fermeté. Un coup de feu, qui lui casse le bras sur la brèche lorsqu'il animoit, par ses discours & par son exemple, les Lorrains à se sacrifier à leur patrie, termine ses exploits guerriers & la défense de la place. *Mémoires pour l'histoire universelle de l'Europe.*

1637.

Le duc De Saxe Weymar & Gustave Horn, qui commandent les Suédois, attaquent les Impériaux à Nordlingue, & sont complettement battus. Weymar se rend quelques mois après à la cour de France, où on montre une grande curiosité de l'entendre parler du grand Gustave & des principaux événemens de la guerre d'Allemagne. Un courtisan qui lui est inconnu s'avise de lui faire une question à laquelle il ne s'attendoit pas. *Monseigneur*, lui dit-il, *comment avez-vous perdu la bataille de Nordlingue ? Monsieur*, répond Weymar, *je croyois la gagner*. Et, s'adressant ensuite à ceux qu'il connoissoit : Quel est le sot, leur dit-il, *qui vient me faire une pareille question ?* Mémoires de Montrésor.

1635.

L'ÉVÉNEMENT de Nordlingue devant amener presque nécessairement l'oppression des Suédois & des Protestans d'Allemagne, la France vient à leur secours, & déclare la guerre aux deux branches de la maison d'Autriche. La bataille d'Avein suit de près les premières hostilités. Elle est hasardée pour faciliter la jonction des François avec les Hollandois, & gagnée par les maréchaux De Chatillon & De Brezé.

On dit à Louis XIII, qui veut faire part de cet événement à la reine Anne d'Autriche, qu'elle en est instruite, & qu'elle a pleuré le malheur de son frère & de son pays. Sur cela, le monarque, qui étoit déjà arrivé dans la chambre de sa femme, ne veut pas entrer dans le cabinet où elle est, lit un assez grand nombre de lettres, & les brûle ensuite lui-même en disant tout haut: *Voilà le feu de joie de la défaite des Espagnols contre le gré de la reine.* Puis il s'en va sans la voir. *Mémoires de La Porte.*

1635.

LA VALTELINE est un petit pays dépendant des Grisons, situé entre le Tirol & le Milanès, au milieu des Alpes. Les Espagnols s'en étant emparés pour avoir par-là une communication sûre & facile avec la branche Allemande de la maison d'Autriche, la France, dont cette ufurpation dérange les projets, y envoie le duc De Rohan pour en chaffer les ufurpateurs.

Soit que ce grand capitaine croie que le cardinal De Richelieu, fon ennemi, ne lui a donné peu de moyens pour cette entreprife qu'en vue de lui faire perdre fa réputation ; foit que, contre fon ordinaire, il ne voie pas toutes fes reffources ; il trouve de l'impoffibilité à fe foutenir dans ce pays là, & fe détermine à ramener fes troupes en France.

Le marquis De Montaufier, qui fert dans l'armée en qualité de maréchal de camp, imagine qu'avec du courage & de la conftance, on pourroit faire tête aux Efpagnols, malgré leur fupériorité. Il parle au général avec la liberté que donnent la vertu & le talent, le perfuade, & le détermine à affembler un confeil de guerre pour y faire approuver une réfolution contraire à celle qui a été déjà prife.

Montausier, voyant que la plus part des officiers s'en tiennent à ce qui a été arrêté d'abord, & continuent à demander vivement la retraite, dit qu'il faut que chacun donne son avis par écrit, afin que la cour puisse voir les sentimens & les raisons de tout le monde. La nature de l'expédient, & la fermeté avec laquelle il est proposé, en imposent si fort, que personne n'ose plus soutenir ce qu'on croyoit auparavant si nécessaire. On prend le parti de faire tête aux Espagnols; on les bat ; & la guerre se termine comme la France le souhaite. *Vie du marquis De Montausier.*

1635.

ÉDOUARD, duc de Parme, se ligue avec la France contre les Espagnols. Les espérances dont son nouvel allié le leurre lui tournent la tête. Il envoie au chevalier Carandini, son résident à Rome, une lettre en forme de manifeste, avec ordre de la rendre publique. Edouard y parle avec tant de hauteur & de fierté, que le grand-duc de Toscane dit affez plaifamment : *Le roi de Parme déclare la guerre au duc d'Efpagne.* Vittorio Siri.

1635.

LE peuple de Bordeaux s'étant révolté pour une nouvelle impofition qui lui déplaifoit beaucoup, le duc D'Epernon, gouverneur de Guienne, prend les armes pour faire rentrer les mécontens dans leur devoir. Un charpentier, qui combat à la tête de ceux de fa profeffion, ayant reçu à la défenfe d'une barricade un coup de feu qui lui caffe un bras, entre dans la boutique d'un chirurgien, achève de faire couper fon bras qui n'eft foutenu que par la peau, fait mettre un premier appareil fur la bleffure, & fe porte à l'inftant à une autre barricade qu'il défend avec beaucoup de réfolution.

Forcé dans ce nouveau pofte,

il est présenté à D'Epernon, qui, né avec une grande sensibilité pour tout ce qui est grand, prend un soin extrême d'un homme qui vient de faire des choses si héroïques. Cet homme extraordinaire commençoit à guérir, lorsqu'ayant entendu de son lit le bruit d'une nouvelle sédition, il va se remettre à la tête de sa troupe, où il fait à son ordinaire des prodiges. Malheureusement il meurt peu de jours après d'une fièvre continue, occasionnée par les efforts qu'il a faits. Il n'y auroit rien au-dessus des actions qu'on vient de lire, si le motif en étoit louable. *Vie du duc D'Epernon.*

1635.

GALLAS, général de l'empereur, qui étoit entré en Lorraine avec le projet de pénétrer dans la Champagne, est obligé, par les manœuvres des généraux François, de prendre la route de l'Alsace, sans avoir rien fait. Ses troupes, au désespoir de manquer de vivres, tuent dans leur retraite tous ceux qui leur en refusent. Fabert, qui les suit, entre dans un camp abandonné, & couvert d'officiers & de soldats Autrichiens blessés & mourans.

Un François, qui a une ame féroce, dit tout haut : *Il faut achever ces malheureux qui ont massacré nos camarades dans la retraite de Mayence. Voilà le conseil d'un barbare*, reprend Fabert ; *cherchons une vengeance plus noble & plus digne de notre nation.* Aussitôt il fait distribuer, à ceux qui peuvent prendre une nourriture solide, le peu de provisions que son détachement a apportées. Les malades sont transportés ensuite à Mezières, où, après quelques jours de soins, la plus part recouvrent la santé. Ils s'attachent presque tous au service de la puissance qui, contre leur espérance, les a traités si généreusement. *Campagnes de Fabert.*

Fabert avoit été fait capitaine, quelque-temps auparavant, dans le régiment de Rambures, à la place de Bizemont. Il avoit fait à cette occasion un trait de générosité qui avoit fixé les yeux sur lui. Instruit que l'officier dont il prenoit la place avoit laissé des affaires fort dérangées, il avoit fait compter aux héritiers sept mille francs, qui étoient le prix ordinaire des compagnies. Afin qu'on ne crût pas que c'étoit un présent qu'il vouloit bien faire; il fit entendre que le roi l'avoit ainsi réglé. *Vie du maréchal Fabert.*

1635.

LA France, qui avoit envahi la plus grande partie de la Lorraine, faisoit la guerre pour subjuguer le reste. Louis XIII, qui avoit cette conquête extrémement à cœur, forme le siège de Saint-Michel. La garnison se défend avec une valeur, une activité, une constance extraordinaires. Le marquis De Lenoncour, gouverneur de la place, est enfin forcé de se rendre. Il stipule seulement dans sa capitulation que les officiers & les soldats *sortiront tous la vie sauve*, sans ajouter la liberté. Louis, indigné, mal-à-propos, d'avoir été long-temps devant une bicoque, tandis qu'il lui auroit convenu de porter ses armes ailleurs, se croit autorisé à envoyer les officiers à la Bastille, & les soldats aux galères. Cette résolution est trouvée barbare, & l'est en effet : mais la conduite de Lenoncour suppose bien peu de lumière, ou bien peu de réflexion. *Mémoires du marquis De Beauvau.*

1636.

DESCHAPELLES, capitaine au régiment de Picardie, ayant rendu lâchement, au duc De Lorraine, Circle, près de Thionville, est jugé par les généraux & par le conseil de guerre. L'ordre de Louis XIII est conçu en ces termes. « Je vous envoie Des- » chapelles à Mézières, où mon » armée passe pour aller en Flandres.

» Comme il est du tout nécessaire de
» faire un exemple de l'action qu'il
» a commise, d'avoir rendu Circle
» sans y être forcé, je vous l'envoie
» afin que vous lui fassiez couper le
» col sur le pont de la ville ; & que
» toute l'armée, en passant par-là,
» voie son corps sur l'échaffaud, &
» l'exécution qui en aura été faite.

» L'on assembla le conseil de
» guerre. Mais, quand les informa-
» tions furent lues, quoiqu'elles por-
» tassent tout le contenu que je viens
» de dire, où il étoit assez convaincu
» de peur & de lâcheté, le conseil
» fit difficulté de le condamner à
» mort ; disant que, pour une lâcheté
» causée par la crainte & l'appréhen-
» sion, on ne condamnoit pas un
» homme à la mort ; mais que, pour
» l'ordinaire, on le dégradoit, &
» qu'on lui faisoit toutes les igno-
» minies possibles. Les voix allèrent
» à cette simple condamnation. Mais,
» monsieur le maréchal De Brezé
» dit : La lettre du roi porte en

» termes exprès; *qu'on lui faſſe couper*
» *le col*; pourquoi ne le jugez-vous
» pas ſuivant la lettre ? Le conſeil
» répondit : Monſieur, nous jugeons
» ſelon nos conſciences. La lettre
» du roi porte qu'on lui *faſſe couper*
» *le col ſur le pont de Méẑières :* vous
» pouvez, meſſieurs les généraux,
» faire exécuter les ordres du roi;
» nous avons ordonné au prévôt
» de la connétablie d'y tenir la main.
» Et cela a été enſuite exécuté. «
Mémoires de Puyſégur.

1636.

HENRI II, prince de Condé, attaque Dole. Il envoie aux aſſiégés un placard, par lequel il prend ſous la protection de Louis XIII & ſous la ſienne la ville & les habitans, ſi on ſe ſoumet en trois jours ; mais il menace en même temps de punir exemplairement ceux qui l'obligeront à employer la rigueur des armes. Enſuite, il ſomme la garniſon de lui rendre la place. *Rien ne nous preſſe,* répond le gouverneur Lavergne : *après un an de siège, nous délibérerons sur ce que nous avons à faire.* Vie du maréchal De Gassion.

Condé, voyant bien qu'il a affaire à des gens dont il n'aura pas bon marché, presse & multiplie les attaques. Après le plus léger avantage, il hazarde des sommations. Tout cela devient si ridicule, qu'on le somme lui-même de lever le siège. Un trompette vient lui déclarer que, s'il veut se retirer, les habitans de Dole lui accorderont six jours francs, afin qu'il puisse s'en aller en sûreté avec son armée : *Que si votre altesse rejette cette offre,* ajoute le trompette, *elle pourra bien s'en trouver mal. Et moi,* répond le prince en colère, *je ne recevrai point ceux de Dole à composition, à moins qu'ils ne me la viennent demander la corde au col.*

Les assiégés poussent l'insulte encore plus loin. On jette dans le camp des lettres, dans lesquelles ils ils menacent d'arrêter aussi long-temps Condé devant leur ville, qu'il a demeuré dans le ventre de sa mère, c'est-à-dire onze mois, selon certains bruits populaires, & de l'obliger ensuite à lever le siège. Condé fait tout ce qu'il peut pour ne pas prendre un parti si honteux. Cependant, il faut à la fin s'y déterminer, après avoir épuisé toutes les ressources. *Le Vassor, histoire de Louis XIII.*

1636

Les Espagnols entreprennent de passer la Somme, pour porter la guerre jusques aux portes de Paris. Puiségur est chargé de leur disputer le passage avec peu de monde. Le comte de Soissons, général de l'armée Françoise, craignant avec raison qu'il ne soit écrasé, lui envoie dire de se retirer, s'il le juge à propos. *Monsieur*, répond Puiségur à l'aide de camp, *un homme commandé, dans une action périlleuse comme est celle-ci, n'a point d'avis à donner. Je suis venu par ordre de monsieur le comte ; je n'en sortirai pas, à moins qu'il ne me l'envoie commander.* Mémoires de Puiségur.

1636

Le comte De Soissons reçoit un ordre précis d'attaquer Corbie, que les Espagnols venoient de prendre. Les officiers, chargés par le prince de reconnoître la place, lui rapportent que, comme tout y manque, elle ne pourra pas tenir, & qu'il suffira de la sommer pour la déterminer à capituler. Soissons, qui veut faire le nécessaire, prétend qu'il ne peut se dispenser de faire un siège, puisqu'on le veut absolument. Le prince De Guimené, qui voit qu'un si sot entétement ne doit pas être réfuté sérieusement, tourne la chose en plaisanterie, *Monsieur*, lui dit-il, *si Corbie veut bien se rendre, recevons la toujours ; sauf à la rendre aux ennemis, si monsieur le cardinal De Richelieu trouve mauvais que nous l'ayons prise sans coup férir.* Mémoires d'Amelot De la Houssaie.

1636.

LE comte De Guébriant, sommé par les Espagnols de leur rendre la ville de Guise sous peine d'être en moins d'une heure passé au fil de l'épée lui & sa garnison, répond que, s'ils veulent lui donner parole d'honneur qu'ils se retireront après le premier assaut, il fera, pour les bien recevoir, abbattre avant la fin du jour quarante toises de la muraille. Cette rodomontade, qui vaut bien celle des Espagnols, empêche le siège d'une place qui est mauvaise & qui manque de tout. *Vie du maréchal De Guébriant.*

1636.

GALLAS, qui n'a pas réussi en 1635 à ravager la Champagne, se flatte de s'établir en Bourgogne la campagne suivante, & il assiège Saint-Jean de Laone. Quoique cette place, la clef de la province, ne foit défendue que par fes habitans, toutes les attaques font vigoureufement repouffées. Les efforts redoublés des Impériaux renverfent à la fin une partie de la muraille. Jaquot Du Magny, averti de ce malheur, quitte fon château, s'introduit dans la ville, arrive à la brèche ; &, ne pouvant fe tenir long-temps debout à caufe de fon âge, s'affied fous le feu de l'ennemi, & y refte avec fon fils unique jufqu'à ce qu'il ait vu les affiégeans repouffés & fa patrie hors de danger. *Catalogue & armoiries des gentilshommes de Bourgogne.*

De trente mille hommes que Gallas avoit en entrant en France, à peine en peut-il ramener douze mille en Allemagne. Tous les prifonniers font traités avec affez d'humanité, excepté les Polaques & les Tranfilvains. Le colonel Rofe, le plus acharné à les détruire, en donne une raifon bifarre : *Que c'eft une efpèce d'hom-*

mes inutiles au commerce de la vie, puisqu'on n'entend pas leur langue. Mémoires du maréchal De Fabert.

1636.

Un général, dans la plupart des pays, ne doit pas règler le plan de ses opérations sur le complet des corps qui composent son armée ; mais sur les forces réelles qu'il a. Grotius, ambassadeur de Suède en France, dit qu'en jugeant des armées de Louis XIII par les listes de ses régimens, on les croiroit aussi nombreuses que celles dont quelques auteurs hiperboliques ont dit que les soldats *séchoient une rivière quand ils vouloient tous boire à la fois* ; mais qu'en voyant en détail ces armées, on est surpris d'y voir si peu d'hommes. *Lettres de Grotius.*

1636.

Le duc De Saxe-Weymar, un des plus illustres élèves du grand Gustave, forme, après la mort de son maître, des liaisons intimes avec la France. Ce capitaine illustre, le cardinal De Richelieu, le maréchal De la Force, le père Joseph, le cardinal De la Valette & le marquis De Feuquières, s'assemblent durant l'hiver de 1636 pour arrêter le plan de la campagne. Le père Joseph, qui n'a jamais vu la guerre, n'est pas le dernier à dire son avis, & à combattre quelquefois celui des plus habiles généraux. Sa hardiesse à contredire & à décider déplaît à Weymar. Un jour que le capucin, qui formoit volontiers des projets, montre sur la carte les places qu'il faut prendre : *Tout cela feroit bien, monsieur Joseph*, lui dit Weymar, *si on prenoit les villes avec le bout du doigt.* Mémoires de Montrésor.

1636.

LE maréchal De Toiras est tué devant la forteresse de Fontanette, dans le Milanès. *Après qu'il eut expiré, les soldats trempoient leurs mou-*

choirs dans le sang de sa plaie, disant que, tant qu'ils les porteroient sur eux, ils vaincroient leurs ennemis.

Le maréchal De Toiras faisoit ses dispositions pour livrer bataille, lorsqu'un officier lui demanda la permission de se rendre chez son père, qui étoit à l'extrémité, pour lui rendre des soins & recevoir sa bénédiction. *Allez*, lui dit ce général, qui déméla fort aisément la cause de cette retraite ; *père & mère honoreras, afin que tu vives longuement.* Vie du maréchal De Toiras.

1636.

La France, obligée à des efforts considérables en Flandres, en Allemagne & en Italie, où elle est engagée dans des guerres vives & opiniâtres, voit ses finances en désordre. Le surintendant Bullion écrit au duc D'Epernon, qui commande en Guienne, de mettre des impositions sur les peuples, pour défendre sa province contre les Espagnols, & pour fe payer lui-même de ce qui lui eft dû. Le duc répond « qu'il y a plus de foixante ans qu'il » fervoit les rois, fans avoir tou- » ché, d'ailleurs que de leur épar- » gne, les appointemens dont ils » l'avoient jugé digne; qu'il ne com- » menceroit pas fur la fin de fes jours » à vivre aux dépens d'un peuple » qu'il voyoit périr tous les jours » de faim & de misère; qu'étant dans » fon gouvernement pour fervir le » roi & pour commander aux peu- » ples, c'étoit de celui qu'il fervoit, » qu'il devoit tirer fa récompenfe, » & non de ceux qui devoient lui » obéir ; qu'enfin il aimoit mieux » être réduit au feul revenu de fes » terres, que de voir fon nom dans » les impofitions, & la dépenfe de » fa table prife fur les impofitions des » pauvres. *Vie du duc D'Epernon.* «

1637.

LE comte d'Harcourt eft chargé de reprendre, fur les côtes de Provence, les isles Sainte-Marguerite & Saint-Honorat, dont les Espagnols s'étoient emparés l'année précédente. Ce général, qu'on n'avoit jamais soupçonné de timidité, s'étoit, on ne sçait comment, si fort exagéré les difficultés de cette entreprise, qu'il la regardoit, en quelque manière, comme impossible. Pour n'avoir cependant rien à se reprocher, il fait appeller Daguerre, lieutenant-colonel du régiment de Vaillac, le plus intrépide & un des plus intelligens officiers de l'armée. *Le roi, lui dit-il, nous commande d'attaquer les isles. On commencera par celle de Sainte-Marguerite. Croyez-vous y pouvoir descendre avec vos gens? Permettez-moi de vous demander, mon général*, répond l'officier, *si le soleil entre dans l'isle ou nom.* Le comte paroît fort surpris d'une quéstion à laquelle il ne s'attendoit pas. *Eh bien, monsieur*, continue Daguerre, sans donner le temps à son général de lui repliquer, *si le soleil pénètre* dans *l'isle Sainte - Marguerite , mon régiment y pourra bien entrer aussi.* Il y a apparence que le subalterne veut insinuer que son supérieur fait la chose plus difficile qu'elle ne l'est en effet, comme la suite le prouve. *Vittorio Siri.*

1637.

LE cardinal De la Valette reprend Landrecies sur les Espagnols. Bussi-Rabutin dit, en parlant de ce siège, qu'alors *les maréchaux de camp venoient la nuit faire un tour à la tranchée pour ordonner des travaux, & s'en retournoient coucher dans leur lit.* Aujourd'hui les officiers généraux qui sont de tranchée y passent la nuit, & n'en sortent qu'à l'heure qu'ils sont relevés par d'autres officiers qui prennent leur place. *Mémoires de Bussi-Rabutin.*

1637.

LE maréchal De Chatillon attaque Damvilliers. Les assiégés font
la

la défense la plus sçavante & la plus opiniâtre, & ne se rendent qu'après six semaines de tranchée ouverte. On leur accorde une capitulation honorable. Le jour où la garnison doit sortir de la place, les paysans, sujets d'Espagne, conduisent au travers des bois quatre cent hommes, qui, malgré les précautions & la vigilance des François, se jettent dans les fortifications extérieures du côté du Luxembourg. Le gouverneur refuse de les recevoir. *Ma parole est donnée*, dit-il ; *les otages sont échangés de part & d'autre ; on m'a fourni toutes les choses nécessaires pour emporter le bagage, les blessés & les autres malades : à dieu ne plaise que je me rendre infame à jamais, en violant une convention faite.* Mémoires de Sirot.

1637.

Durant les troubles de la Ligue, Barri, gouverneur de Leucate en Languedoc, fut fait prisonnier par je ne sçais quel accident, & conduit à Narbonne, dont les Ligueurs étoient les maîtres. Il le pressèrent vivement & inutilement de leur livrer sa place. On le menaça à la fin de le condamner à mort, à moins qu'il n'obligeât sa femme, demeurée à Leucate, à leur en ouvrir les portes : il fut inébranlable. La femme, avertie du danger de son époux, répond que, si les Ligueurs veulent commettre une injustice, elle ne croit pas devoir les arrêter par une lâcheté ; & qu'elle ne rachetera jamais la vie de son mari en livrant une forteresse, pour la conservation de laquelle il feroit gloire de mourir. Irrités d'une constance que des gens plus généreux auroient admirée, les Ligueurs exécutèrent leur cruelle menace. Henri IV, qui se connoissoit en belles actions, donna le gouvernement de Leucate au fils de deux personnes comparables à ce que l'antiquité a eu de plus grand.

En 1637, une armée Espagnole forme le siège de Leucate. Serbellon, qui la commande, fait tenter le gouverneur par les promesses les plus magnifiques. ›› Que vous me ›› connoissez mal ! répond Barri à ›› l'envoyé. L'honneur me sera tou- ›› jours plus cher que toutes les ri- ›› chesses du monde, que la vie mê- ›› me. A dieu ne plaise que je ›› dégénère de la vertu de mon père ›› & de ma mère, & que je ne suive ›› pas le grand exemple de courage ›› & de fidélité qu'ils ont laissé dans ›› leur famille. L'un aima mieux mou- ›› rir que de livrer Leucate aux enne- ›› mis de son roi, & l'autre refusa ›› constamment de racheter par une ›› trahison la vie d'un époux tendre- ›› ment aimé. Donnerai-je pour quel- ›› ques pistoles, ce que ma mère n'a pas ›› voulu donner pour une chose ›› qu'elle estimoit sans prix ? Si j'ai ›› le malheur de ne pouvoir con- ›› server Leucate, je conserverai du ›› moins mon honneur & ma répu- ›› tation. J'aime mieux être pauvre

» dans ma patrie, que riche chez ses
» ennemis.

Le suborneur, voyant qu'il ne gagne rien, annonce à Barri que la place sera vigoureusement battue dès le lendemain. » Que j'aime à
» vous entendre parler de la sorte! replique le gouverneur. » Si les Es-
» pagnols m'attaquent fortement,
» ils me donneront occasion d'ac-
» quérir une double gloire. J'aurai
» résisté à leurs promesses trompeu-
» ses, & à leurs vains efforts, contre
» une place mieux défendue qu'atta-
» quée. «

Barri tient parole. Il fait une ré- sistance opiniâtre. Le duc D'Halluin vient à son secours & bat l'armée de Serbellon. On trouve parmi les morts des femmes déguisées en hom- mes. Un François ayant demandé aux prisonniers Espagnols s'ils con- noissoient ces nouvelles amazones: *Vous vous trompez*, répond spirituel- ment un d'entr'eux ; *ce ne sont point des femmes. S'il y en avoit dans notre armée, ce font les lâches qui ont pris la fuite.*

Dans le temps qu'on bat Leucate, les Espagnols croient qu'ils abrégeront & assureront leur opération, s'ils peuvent s'emparer d'une fortification voisine ; & ils font avec hauteur au commandant la proposition de la leur livrer. *Je n'entends point l'Espagnol*, dit Fabré au trompette en ouvrant la lettre, *& n'ai pas envie de l'apprendre. Vous en sçavez assez, monsieur,* repart le trompette, *pour juger que c'est une sommation de rendre Sigean. J'y commande au nom du roi mon maître,* reprend fièrement Fabré, *& je prétends défendre la place jusqu'au dernier soupir de ma vie. Quand je serai mort, vous pourrez venir demander à mon successeur s'il est dans la même disposition : j'espère que vous l'y trouverez.* Bernard, histoire de Louis XIII.

Louis XIII, satisfait de la conduite du duc D'Halluin, le fait maréchal de France, & lui écrit de sa propre main la lettre suivante.

„ Mon cousin, vous avez sçu „ vous servir si à propos de votre „ épée, que je vous envoie un bâ„ ton, tant pour marque de conten„ tement que j'en ai, qu'afin qu'une « autre fois vous ayez à choisir les „ armes dont vous voudrez vous „ servir, si mes ennemis se présentent „ en lieu où vous puissiez de nou„ veau leur faire connoître ce que „ vous valez. Je n'accorderai jamais „ de grace de meilleur cœur que je „ fais celle-ci, pour perpétuer en „ votre personne le nom du maré„ chal de Schomberg, qui, m'ayant „ été fort agréable en celle du père, „ ne me le fera pas moins en celle „ du fils. „ *Mercure François.*

1637.

HENRI FREDERIC D'ORANGE, frère & successeur de Maurice, forme le siège de Breda. Il s'expose si fort, que Charnacé, ambassadeur de France auprès des Etats Généraux, qui est toujours à ses côtés, le presse de se retirer. *Vous le pouvez faire, si vous avez peur*, lui dit le prince. Charnacé, piqué d'une réponse qui lui paroît un reproche de lâcheté, monte aussitôt inconsidérément à la tranchée : il y est tué un moment après d'un coup de mousquet qu'il reçoit dans la tête. *Mémoires d'Amelot De la Houssaie.*

1637.

BANIER, le meilleur des généraux Suédois sorti de l'école du grand Gustave, attaque Leipsick. Tout est prêt pour donner l'assaut, lorsque l'arrivée des Impériaux l'oblige de lever le siège, pour ne se voir pas lui-même assiégé dans ses lignes par une armée très-supérieure à la sienne. Quoiqu'il n'ait que quatorze mille hommes à opposer à plus de quarante mille, il passe l'Elbe en plein jour à la vue des ennemis, sans abandonner même son artillerie. Trois jours après, il passe l'Oder avec le même succès, & se met en marche pour se rendre à Landsberg. Il a encore la Warta à traverser, & c'est là qu'il commence à sentir les plus cruelles inquiétudes. Il avoit cru que Wrangel l'attendroit à l'issue des marais de Custrin, & qu'il en défendroit le passage à l'armée Impériale, comme il étoit aisé de le faire ; mais ce général s'étoit posté de l'autre côté vers Stetin, & avoit laissé le passage des marais libre aux Impériaux. Ceux-ci les avoient traversés avec une diligence incroyable, & paroissoient à la vue de Banier postés devant Landsberg, ne doutant pas qu'ils ne dussent avoir bien-tôt toutes les troupes Suédoises à discrétion avec leur brave général ; & on le crut par-tout sur la foi de leurs lettres.

Cet événement, en effet, paroît infaillible. Banier a en tête une armée qu'il seroit téméraire d'attaquer.

Il a à sa gauche l'Oder, dont le passage est défendu par un corps de six mille hommes bien retranchés ; & à droite la Pologne, où il a des raisons décisives pour ne se pas engager. Il ne peut se tirer d'un si mauvais pas que par quelque heureux stratagême. Voici celui dont il se sert.

Il publie qu'il va gagner la Poméranie par la Pologne ; &, pour rendre la chose plus vraisemblable, il donne des ordres sévères pour empécher les soldats de faire le moindre dégât dans leur marche. Il fait prendre les devans à sa femme & à ses équipages. Il feint de vouloir corrompre un prisonnier Allemand, auquel il donne une somme d'argent, & promet un emploi pour lui aller chercher de bons guides.

Le prisonnier ne manque pas, comme Banier l'avoit prévu, d'en aller donner avis aux Impériaux. Ceux-ci se mettent aussitôt en marche pour lui fermer le passage de la

Pologne. Le comte de Boucheim, qui gardoit celui de l'Oder, veut suivre l'armée, pour partager avec elle la gloire & le butin : bévue qui donne à Banier la liberté de repasser ce fleuve sans obstacle, & d'aller joindre Wrangel près de Neustad.

Les Impériaux, ayant appris la contremarche des Suédois, retournent à la hâte sur leurs pas pour les joindre ; mais leur désespoir & leur honte font extrêmes, quand ils voient leurs ennemis de l'autre côté du fleuve, faisant retentir leur camp de fanfares & de chants de triomphe.

Cette action est représentée dans une gravure où l'on voit les généraux Allemands fort occupés à lier le haut d'un sac dans lequel l'armée Suédoise est enfermée, tandis que Banier, avec son épée, lui ouvre un passage par un des coins. *Pufendorff.*

1638.

LA plupart des généraux malheureux perdent tout-à-fait courage.

Ils regardent leur armée comme anéantie, parce qu'elle a abandonné son champ de bataille, son canon, ses morts, ses blessés & ses équipages. Cette timidité les conduit à la guerre défensive, la plus difficile de toutes & la plus profonde. Avec plus de résolution, ils verroient qu'il y a peu d'actions décisives; & qu'on peut souvent, après une défaite ce qui étoit possible auparavant. Qu'ils se rappellent la fameuse aventure de Rheinsfeld; & ils sentiront que les trophées, érigés en l'honneur du vainqueur, ne sont pas toujours de longue durée.

Les ducs De Weymar & De Rohan, deux des plus grands généraux du siècle, sont complettement battus par les Impériaux. La moitié de leur armée est prise ou taillée en pièces; l'autre s'enfuit, & ne s'arrête qu'à cinq ou six lieues du champ de bataille. Là, on se trouve sans vivres, sans équipages, sans munitions, sans artillerie. Tout paroît

K vj

perdu; mais il reste aux troupes tout leur courage, & aux chefs toute leur tête.

Rohan, qui a été longtemps chef de parti, & qui a par conséquent l'esprit fécond en ressources hardies & vigoureuses, propose, quoique blessé à mort, de remarcher à l'ennemi. Weymar trouve l'ouverture digne de sa réputation, de sa vertu, de l'extrémité où il se trouve. On la fait aux officiers & aux soldats : ils répondent unanimement qu'ils sont prêts à tout entreprendre.

Chacun, à l'instant, se range sous son drapeau. Une marche de nuit, faite avec une diligence incroyable, mène à l'ennemi, qui est surpris, attaqué, défait. Tous les généraux de l'empereur sont faits prisonniers; l'armée n'existe plus: plusieurs places importantes; plusieurs provinces deviennent la proie du vainqueur. Il y a peu d'exemples d'un pareil succès. *Follard, commentaires sur Polybe.*

1638.

La guerre ne paroît pas tourner heureusement pour la France. Cette situation critique inquiette le père Joseph, qui ordonne à une religieuse du Calvaire à Paris, de passer trois jours en oraison, pour demander à dieu de lui révéler le succès de la campagne. Cette visionnaire, le temps écoulé, dit au capucin que, dans une extase, elle a vu deux armées se battre près de S. Omer, & que la victoire est demeurée aux François. Richelieu, averti sur le champ par son confident d'une si agréable nouvelle, ordonne au maréchal De Chatillon d'assiéger incessamment cette place. En vain Mazarin veut faire sentir les inconvéniens de l'entreprise. Le premier ministre lui dit d'un air ironique: *Monsieur Mazarin veut faire l'esprit fort ; il en sçait infiniment plus que nous.* Et il n'est que plus affermi dans son projet par la contradiction. Le siège de S. Omer eſt formé, continué longtemps, & enfin levé. *Le Vaſſor, hiſtoire de Louis XIII.*

1638.

LES Piémontois & les François font, en Italie, la guerre aux Eſpagnols. Le cardinal De la Valette, qui commande l'armée combinée, envoie à don Franciſco De Mélos un trompette pour lui apprendre la naiſſance du dauphin, & pour lui offrir en même-temps la bataille. Le général Eſpagnol tire de ſa poche vingt piſtoles qu'il donne au trompette: *Voilà,* lui dit-il, *pour la premiere nouvelle; je te donnerai deux fois plus, ſi tu m'apportes bientôt la confirmation de la ſeconde.* Mémoires du maréchal De Fabert.

1638.

LE duc De Saxe-Weymar aſſiège Briſſack. Les Impériaux s'y défendent avec une opiniâtreté dont il y a peu d'exemples. Ils ne ſe rendent qu'après avoir épuisé les plus horribles ressources qu'une cruelle faim peut oser tenter. Les choses sont poussées jusques-là que le gouverneur est obligé de mettre des gardes aux cimetières, afin d'empêcher les habitans de déterrer les morts pour s'en nourrir. *Bougeant, histoire du traité de Vestphalie.*

1639.

LE comte De Guiche, homme bien instruit, avertit Fabert de la résolution qu'on vient de prendre de lui donner le gouvernement de la Capelle. Il reçoit cette nouvelle avec une indifférence si marquée, que le comte en veut sçavoir la raison: *Cette récompense*, lui répond-on, *est due à monsieur De Roquepine. Il sort de Metz, où il a commandé plusieurs années en brave officier & en honnête homme : il est raisonnable qu'on lui donne le gouvernement de la Capelle ; &, sur une chose si juste, je vais faire mes représentations à son éminence.*

Il quitte auſſitôt le comte De Guiche, ſe rend chez Richelieu; &, feignant d'ignorer ce qui ſe paſſe, il l'entretient de ce qui regarde la ville de Metz, & amène la converſation ſur Roquepine. *J'apprends avec bien de la joie*, dit-il au miniſtre, *que vous lui deſtinez le gouvernement de la Capelle. Le roi ne peut mettre un poſte ſi important en de meilleures mains. Je vous remercie, en mon particulier, de la faveur dont vous honorez en cette occaſion le plus intime de mes amis.* Cette grace, replique le cardinal, *ne le regardoit pas; mais, puiſque vous la demandez pour lui, le roi vous l'accordera, & vous pouvez dire à Roquepine que vous lui donnez le gouvernement de la Capelle.* Campagnes du maréchal Fabert.

1639.

LE marquis De la Meilleraie aſſiège & prend Heſdin. La garniſon ſort dans un fort bon ordre en préſence de Louis XIII. Le gouverneur, âgé de plus de quatrevingt-huit ans, se fait porter dans une chaise, parce qu'il a été blessé d'un éclat de bombe. Deux capitaines marchent devant lui avec la pique, à la tête de l'infanterie qui le suit. Après que les deux officiers ont salué le roi, les troupes font halte. La chaise du gouverneur tourne alors vers l'endroit où est le prince. Louis descend de cheval, & reçoit le vieux gentilhomme avec toute l'honnêteté possible.

Sire, lui dit celui-ci, *un grand roi m'avoit honoré du commandement d'Hesdin, & un grand roi m'en fait sortir. Puisque dieu a permis que le roi mon maître perdît la place qu'il m'avoit confiée, l'honneur de la remettre entre vos mains me console de ma disgrace.* Louis, qui sçait que, de tous les gouverneurs des places Espagnoles, nul, depuis longtemps, n'a montré tant de fermeté & d'intelligence, lui répond d'un air obligeant : *Monsieur, vous avez si bien défendu Hefdin, que le roi votre maître doit être content de vous.*

Louis, charmé d'une conquête qui répare quelques difgraces qu'on vient d'éprouver, entre dans Hefdin par la brèche; &, quand il eft deffus, donne à La Meilleraye le bâton de maréchal de France; action fans exemple dans l'hiftoire de France. *Mémoires de Puyfégur.*

1639.

Le marquis De Feuquières met le fiège devant Thionville. Picolomini, qui commande les Impériaux, l'attaque & le défait entièrement. Le général François, qui doit être mécontent d'une grande partie de fon armée, ne veut jamais accufer perfonne. Il répond conftament, à ceux qui lui demandent de la part de Louis XIII, le nom des plus coupables, *qu'ayant toujours combattu à la tête des troupes, il ne peut pas rendre compte de ce qui s'eft paffé derrière lui.*

Monsieur De Médavi, qui s'est trouvé à cette action, écrit au ministère de France: *Nous avons perdu peu de cavalerie par sa lâcheté, & beaucoup d'infanterie par sa valeur.* Relation de la bataille de Thionville.

Louis XIII casse quelques-unes des troupes qui ont mal fait leur devoir dans cette occasion importante. Il s'exprime en ces termes.
» Le roi étant bien informé de la
» lâcheté avec laquelle ses compa-
» gnies des chevaux-legers de Fon-
» tette, de Castelet & de Cuvilliers
» ont lâché le pied au combat de
» Thionville, & ne voulant qu'une
» telle infamie demeure sans être
» notée & châtiée exemplairement,
» a ordonné & ordonne que lesdi-
» tes compagnies seront cassées,
» sans qu'elles puissent jamais être
» rétablies. Déclare sa majesté les
» capitaines & officiers infâmes &
» incapables de jamais posséder
» charge dans la guerre; se réser-

» vant d'ordonner contr'eux telle
» punition qu'ils méritent «.

1639.

L'ARMÉE d'Espagne attaque vivement celle de France sur les bords du ruisseau de la Route dans le Piémont. Les assaillans, quoiqu'au nombre de vingt mille hommes, sont battus par un ennemi qui en a tout au plus huit mille. Les vaincus sont eux-mêmes si étonnés de leur défaite, que Léganès, leur général, fait dire au comte D'Harcourt, par un trompette qu'il lui envoie pour demander l'échange de quelques prisonniers, que, s'il étoit roi de France, il lui feroit couper la tête pour avoir hasardé une bataille contre une armée beaucoup plus forte que la sienne. *Et moi*, reprend Harcourt, *si j'étois roi d'Espagne, je ferois couper la tête au marquis De Léganès, pour s'être laissé battre par une armée beaucoup plus foible que la sienne.* Mémoires du comte Du Plessis.

1639.

LE duc De Longueville, qui commande une armée Françoise, veut paſſer le Rhin aux environs de Creutzenac, à la fin de décembre, pour prendre des quartiers d'hiver dans le Palatinat. Il n'y a ni pont ni barques pour tranſporter la cavalerie. On ſe ſouvient qu'un officier Allemand, ſe trouvant dans le même embarras, avoit fait paſſer ſes cavaliers dans des bateaux, tandis que leurs chevaux, qu'ils tenoient par la bride, paſſoient à la nage; & on ſe propoſe de ſe ſervir du même expédient. Malgré des mouvemens ſans nombre, on ne parvient qu'à en raſſembler trente, la plupart très-petits. On met trois ſoldats dans chaque bateau, & les chevaux qu'ils tiennent par la bride ſuivent à la nage. Huit jours & huit nuits ſont employés à ce paſſage; & toute l'armée ne ſe trouve réunie, de l'autre côté du Rhin, que le 4 janvier 1640.
Nouvelle hiſtoire de Louis XIII.

1640.

Les François, qui font dans la citadelle de Turin, font affiégés par le prince Thomas De Savoie, qui eft dans la ville. Le comte D'Harcourt, général de Louis XIII, affiège la ville, & eft à fon tour affiégé dans fon camp par les Efpagnols. On a vu peu de chofes à la guerre auffi fingulières.

Le deffein du comte D'Harcourt paroît fi téméraire au marquis De Léganès, qu'il écrit au prince Thomas que les dames peuvent louer des fenêtres pour voir paffer *cadet la perle*. C'eft le nom qu'on donne communément à Harcourt, parce qu'il eft cadet de la maifon de Lorraine, & qu'il porte une perle à l'oreille. Cependant le général François réuffit à prendre Turin, à faire abandonner l'attaque de la citadelle, & à repouffer le général Efpagnol. Jean De Wert dit à cette occafion : *J'aimerois mieux être général*

Harcourt qu'empereur. Lettres de Buſſy Rabutin.

Léganès ayant réuſſi, pendant cette opération, à couper totalement les vivres aux François, les domeſtiques du comte D'Harcourt ſe donnent tant de mouvemens, qu'ils parviennent à ſe procurer quelques barils de vin pour ſa perſonne. Le ſage & habile général n'en veut point faire uſage, & les envoie aux malades & aux bleſſés. Par cette généreuſe & adroite politique, il parvient à étouffer juſqu'au plus léger murmure, au milieu de la diſette la plus affreuſe. *Parfait homme de guerre.*

La diſette étant auſſi très-grande à Turin, Franceſco Zignoni, un des ingénieurs de l'armée Eſpagnole, imagine de mettre, dans des mortiers d'une nouvelle eſpèce, des boulets creux & remplis de farine, qui, étant pouſſés par une plus forte charge qu'à l'ordinaire, paſſent par-deſſus la tête des aſſiégeans & vont tomber dans la ville. Cette invention est plus honorable pour l'ingénieur, qu'utile pour les assiégés. On est obligé d'y renoncer, parce qu'elle fournit peu & trop chèrement. *Nani, histoire de Venise.*

1640.

Les maréchaux De Chaune, De Chatillon & De la Meilleraye, forment le siège d'Arras. Les Espagnols, qui veulent secourir la place, attaquent les retranchemens du côté de Chatillon, qui parvient à les repousser, après avoir couru mille fois risque de perdre la vie. Dans la plus grande chaleur de l'action, on lui annonce que son fils vient d'être tué : *Il est bienheureux*, répond froidement ce général, *d'être mort dans une si belle occasion, pour le service du roi !* Mémoires de Puységur.

La Meilleraye ne montre pas des sentimens aussi généreux. Pour renforcer l'armée Françoise beaucoup trop foible, & dont les lignes étoient étendues, on avoit fait venir de Dourlens

Dourlens Du Hallier, avec quelques régimens qui contribuent extrêmement au succès de cette journée. *Je me passerois mon épée au travers du corps*, lui dit brutalement La Meilleraye qui le haïssoit, *si je croyois que vos troupes eussent empêché que nos retranchemens ne fussent forcés.* Mémoires de Sirot.

1640.

L'Espagne soutenoit depuis longtemps des guerres vives, sanglantes & ruineuses dans la plupart des contrées de l'Europe. Toutes les provinces, qui composoient cette vaste monarchie, auroient dû naturellement en partager le poids; mais les Arragonois, les Valenciens, les Navarrois, les Biscayens & les Catalans, en avoient été dispensés jusqu'alors, à raison de leurs privilèges. Les Castillans seuls prodiguoient leurs biens & leur sang pour la gloire de la monarchie. Malheureusement ce peuple, d'un caractère si fidèle &

si élevé, succomboit sous le faix, & dépérissoit de jour en jour. Olivarès crut qu'il étoit temps que toutes les parties de l'état concourussent au bien public, & il fut ordonné à six mille Catalans de passer en Italie.

Cette innovation cause une fermentation qui aboutit à la révolte. La cour, aigrie par des résolutions si violentes, charge le marquis De los Vélez de réduire la Catalogne; & lui enjoint de mettre le feu aux maisons, de couper les arbres, de massacrer les hommes au-dessus de quinze ans, & de marquer les femmes aux deux joues avec un fer brûlant. Ces ordres destructeurs sont exécutés avec un sang froid & un rafinement de barbarie sans exemple. On entend le cruel général, à la prise de Tortose qu'il emporte l'épée à la main, s'écrier : *Soldats, apprenez que c'est un sacrilège d'épargner des rebèles.* Ces sanglantes expéditions sont suivies de représailles plus barbares, s'il est possible.

Il arrive de-là que les soldats ne veulent plus faire cette guerre. Elle leur est devenue si odieuse, qu'ils aiment mieux être décimés, que d'y servir. On est obligé de les lier, & de les y traîner comme des esclaves. Cette aversion, qui paroît être à son comble, augmente encore lorsque les Catalans, pour briser à jamais les liens qu'ils ont rompus, se donnent à la France.

Dès-lors on ne reçoit plus à Madrid que de mauvaises nouvelles. Les citoyens, désespérés de tant de malheurs, se dechaînent contre le gouvernement, n'épargnent pas le roi même. Un jour qu'il part pour la chasse au loup, on lui crie de tous côtés : *C'est les François que vous devez chasser; voilà les loups qui nous dévorent.*

Philippe, confus que le peuple lui rappelle ses devoirs, part sans délai pour s'aller mettre à la tête de son armée. Arrivé à Sarragosse, il voit, des fenêtres de son palais, les feux qui confument l'Arragon ravagé par les partis François & Catalans. Ce fpectacle étouffe fon courage, & il reprend la route de fa capitale. *Abregé chronologique de l'hiſtoire d'Eſpagne.*

1641.

IL y avoit ſoixante ans que l'Eſpagne jouiſſoit de la couronne de Portugal, lorſqu'une révolution heureuſement conduite la fit paſſer ſur la téte du duc De Bragance qui y avoit des droits inconteſtables. Ce grand événement, qui occupa les derniers jours de l'an 1640, ſe paſſa ſi ſimplement, qu'un Caſtillan, qui en fut le témoin, s'écria en ſoupirant : *Eſt-il poſſible qu'un ſi beau royaume ne coûte qu'un feu de joie à l'ennemi de mon maître ?* Cette tranquillité fut ſuivie d'une guerre barbare entre les deux nations dans les premiers jours de l'année ſuivante.

Les Eſpagnols, qui entrent les premiers en campagne, ravagent des terres, pillent des églises, massacrent des enfans, emmènent prisonniers quelques habitans. Ils s'en retournoient sans ordre & sans discipline, jouant de plusieurs instrumens qu'ils avoient pris à des bergers & à des laboureurs. Inutilement leur commandant leur crie : *Vous chantez trop tôt votre supériorité ; on n'est jamais sûr d'être vainqueur tant qu'on est sur les terres de l'ennemi.* On n'écoute rien. Mais bien-tôt on apperçoit les Portugais, & les chants se changent en tristesse. *Quittez maintenant vos guitarres & vos flûtes*, leur dit leur chef : *il ne s'agit plus de chants ni de sons, il faut combattre des hommes. Montrez-vous donc braves & courageux.* Ce discours est à peine fini qu'ils sont chargés, taillés en pièces & mis en fuite.

Pour cacher leur honte en Espagne, ils montrent les oreilles de leurs compatriotes tués dans les différentes actions qui se sont passées, & assurent bien fort qu'ils les ont coupées à des Portugais. On n'en veut rien croire; & un chanoine de Bajados, homme d'esprit, leur dit *qu'ils auroient beaucoup mieux fait de rapporter les armes de leurs ennemis que leurs oreilles, parce qu'on ne peut pas les distinguer de celles des Castillans.* La Clède, histoire de Portugal.

Lorsqu'il avoit été question de placer le duc De Bragance sur le trône, dona Philippe De Villenas avoit armé de ses propres mains ses deux fils; &, après leur avoir donné leurs cuirasses; elle leur avoit dit : *Allez, mes enfans, éteindre la tyrannie, & nous venger de nos ennemis. Soyez sûrs que, si le succès ne répond pas à nos espérances, votre mère ne survivra pas un moment au malheur de tant de gens de bien.* Description de l'Espagne & du Portugal.

1641.

LE comte De Soissons, poussé à bout par le cardinal De Richelieu dont il a épousé la nièce, se jette entre les bras des Espagnols. Avec leur secours, & celui de ses partisans, il livre bataille à la Marfée, près de Sédan, la gagne & y est tué.

Cette défaite ne fait nul tort au maréchal De Chatillon, qui commande l'armée Françoise. Il est battu, uniquement parce que les troupes s'enfuient sans avoir combattu. C'étoit une résolution prise avant l'action, & non un effet de leur lâcheté. Les soldats, mécontens de n'avoir pas reçu régulièrement leur solde, tournent le dos en disant : *En voilà pour leurs cinquante écus*, qui est précisément la somme due à chacun d'eux. *Mémoires de Bauveau.*

Le maréchal De Chatillon, malgré son malheur, demande pour Dandelot, son fils, le régiment de Piémont, dont le colonel a été tué dans l'action. Louis XIII, qui ose si peu, prend sur lui d'accorder cette faveur. *Comment, sire*, lui dit le cardinal De Richelieu, *récompenser le fils d'un général qui vient de perdre une bataille ! Ce n'est pas toujours la faute des généraux quand les batailles se perdent*, replique le roi. *Mémoires de Puységur.*

1641.

QUELQUES officiers du régiment des gardes Françoises trouvent mauvais que Fabert, au siège de Bapaume, s'occupe indifféremment des sappes, des mines, de l'artillerie, des machines, des ponts & des autres travaux les plus pénibles. Ils chargent même Grateloup, son ami, de lui représenter qu'il avilit sa dignité de capitaine aux gardes & d'officier général.

» Je suis très-obligé à mes ca-
» marades du soin qu'ils prennent
» de mon honneur, répond Fabert.
» Je voudrois cependant leur de-
» mander, si le bien que m'a fait
» le roi est une raison de diminuer

» le zèle que j'ai toujours eu pour
» son service. C'est la conduite que
» l'on me reproche, qui m'a élevé
» aux grades dont je suis honoré.
» Je servirai toujours de même,
» quand ce ne seroit que par re-
» connoissance. Mais j'ose me flat-
» ter que ces travaux, que l'on trou-
» ve humilians, me conduiront aux
» honneurs militaires les plus élevés.
» Tout bien considéré, le conseil
» de ces messieurs n'est bon que
» pour ceux qui veulent vieillir dans
» le régiment des gardes. Pour moi,
» je leur déclare que je n'ai aucune
» envie d'y rester : bientôt je leur
» en donnerai des preuves. La nuit
» prochaine je ferai la descente du
» fossé ; &, sans avoir égard à la
» dignité de mes grades, j'attache-
» rai le mineur, je travaillerai moi-
» même à la gallerie, à la chambre
» de la mine, & j'y mettrai le feu,
» si la garnison refuse de se rendre. «
Campagnes du maréchal De Fabert.

1641.

LES Suédois & les François, qui font, de concert, la guerre à l'Empereur, agissent quelquefois ensemble, & plus souvent séparément. La réunion de leurs forces devient, au commencement de la campagne, si malheureuse, par les hauteurs de Banier à l'égard de Guébriant, qu'on est obligé de se séparer. Quelquetemps après, le général Suédois court risque d'être accablé. Les François font des marches forcées, à travers des pays très-difficiles, pour voler à son secours. *A dieu ne plaise*, dit leur général à ceux qui veulent le détourner d'une résolution si généreuse, *que je me venge d'un particulier aux dépens de la cause commune. Ne s'agît-il même que de sauver l'honneur que Banier a si justement acquis, je serois prêt à tout entreprendre. L'indignation que m'a causé son injuste procédé sera pleinement satisfaite, si je puis lui donner une preuve convaincante de ma générosité. J'ai raison de me plaindre de lui, cela est certain ; mais j'aurois honte de me venger autrement que par de bons offices.*

Banier ne veut pas céder à son ennemi en grandeur d'ame. En mourant, peu de mois après, il lègue ses armes à Guébriant, qui avoit reçu la même distinction du duc Bernard De Saxe-Weymar. *Histoire du maréchal de Guébriant.*

1641.

BANIER, le plus illustre des élèves de Gustave Adolphe, & celui qui soutint le mieux, après lui, la gloire des armes Suédoises en Allemagne, meurt à Halberstaad le 10 de mai, âgé de quarante ans. Beauregard, ministre de France auprès de ce grand général, en a recueilli quelques maximes qui peuvent être utiles.

Banier parloit souvent, mais modestement, de ses faits de guerre.

Il aimoit sur-tout à répéter qu'il n'avoit jamais rien hasardé, ni même formé aucune entreprise, sans y être obligé par une raison évidente.

Les volontaires de qualité ne lui étoient point agréables dans ses armées : ils veulent trop d'égards & de ménagemens. Les exemptions des devoirs de la discipline qu'ils usurpent, ou qu'on ne peut se dispenser de leur accorder, sont d'un pernicieux exemple, & gâtent tous les autres.

Il avoit secoué toute dépendance de sa cour pour les opérations militaires, & auroit abandonné le commandement plutôt que d'en attendre les ordres. *Pourquoi croyez-vous, disoit-il à ses confidens, que Galas & Picolomini n'ont jamais pu rien faire contre moi ? C'est qu'ils n'osoient rien entreprendre sans le consentement des ministres de l'empereur.*

C'étoit un de ses principes, que les officiers subalternes devoient succéder à ceux qui les précédoient, à moins qu'ils ne s'en fussent rendus tout-à-fait indignes. *Outre, disoit-il, que rien n'anime plus à bien faire, les habitudes que les officiers se font dans leur corps, les rendent capables d'y servir plus utilement que de nouveaux officiers plus habiles.*

Jamais il ne souffroit que les soldats s'enrichissent. *Ils se débanderoient incontinent,* disoit-il, *& je n'aurois plus que de la canaille. Leur accorder le pillage des villes, c'est vouloir les perdre.* C'est pour cette raison qu'il ne voulut point prendre la capitale de la Bohême. Son système étoit le même avec les officiers, qu'il croyoit suffisamment récompensés par les grades & les distinctions.

Peu de généraux ont été plus avares du sang de leurs troupes. Il blâmoit hautement ceux qui les sacrifient à leur réputation. Aussi ne s'attachoit-il pas volontiers aux sièges, & il les levoit sans répugnance quand il y rencontroit de trop grandes difficultés. Sans cette conduite, sa patrie auroit été bien-tôt épuisée d'hommes. Il eſtimoit beaucoup les Allemands formés ſous ſa diſcipline, & les croyoit les meilleurs ſoldats du monde.

Banier fut fidèle à ſes principes juſqu'à la mort de ſa femme, qui le ſuivoit dans toutes ſes expéditions, & qui avoit le talent de modérer ſes paſſions naturellement violentes. Son déſeſpoir fut extrême lorſqu'il la perdit. Cependant, en conduiſant à Erfort les cendres d'une perſonne ſi chérie, il prit une paſſion violente & déſordonnée pour une jeune princeſſe de Bade qu'il vit par haſard. Dès cet inſtant, la guerre, la gloire, la patrie, tout ce qui avoit été l'objet de ſes vœux lui eſt indifférent : il ne penſe qu'à ſa maîtreſſe ; il expoſe témérairement ſa perſonne pour aller au château d'Arolt, où elle eſt, à ſon retour au camp ; il ne fait autre choſe que tenir table pour boire à la ſanté de la *belle* dont il eſt épris. Le jour qu'il reçoit le conſentement du marquis de Bade, son futur beau-père, il donne une fête magnifique, & fait tirer deux cent coups de canon, dont le bruit se fait entendre jusqu'à Cassel. On y croit si certainement les armées aux mains, que le peuple & les ministres courent à l'église & se mettent en prières. Le mariage se fait. Banier n'est plus occupé que de ses nouvelles amours, & laisse à ses lieutenants le soin de conduire les opérations militaires. Il ne survit que quelques mois à des liens trop vifs pour son métier & son âge. *Histoire du maréchal De Guébriant.*

1642.

LES François vont attaquer Collioure, petite, mais assez forte place du Roussillon. Le maréchal De la Meilleraye, s'entretenant du nombre & de la valeur des troupes destinées à cette entreprise, dit tout haut : *Nous avons les chanoines de Fabert :* mot qui fait allusion à la douceur du service que la compagnie aux gardes de ce capitaine faisoit depuis deux ans à la cour. Fabert entend cette raillerie amère ; & il en eſt d'autant plus piqué, qu'il a eu des démêlés vifs & fréquens avec celui qui la fait : cependant, il retient ſa colère.

Le lendemain, on apperçoit, en marchant vers la place, les Eſpagnols ſur une hauteur. Le général parcourt tous les rangs pour donner ſes ordres. Fabert le ſalue de l'eſponton, comme avoient fait tous les autres officiers. *Il ne s'agit pas de cérémonie, quand il faut aller à l'ennemi,* lui dit froidement LaMeilleraye. Fabert, qui n'a pas oublié le mot de *chanoine*, craint d'être regardé comme un lâche, s'il ne tire vengeance de l'outrage qu'il croit avoir reçu. Dans cet eſprit, il va droit au maréchal les yeux étincelans de fureur, lorſque Turenne l'arrête en chemin, cherche à le calmer, & ſe charge d'une réconciliation honnête. En effet, une demi-heure après, le général a pour Fabert des manières pleines de confidération.

Trois mille Efpagnols occupent une colline d'un accès affez difficile; il faut les en chaffer pour faire les approches de la place. Fabert, qui commande le premier bataillon des troupes Françoifes à la tête de l'armée, reçoit ordre du général de lui venir parler. Il ne juge pas à propos de quitter fon pofte : il répond à un fecond aide-de-camp : *Avez-vous des ordres pour le bataillon ? je les exécuterai ; je ne marche pas autrement.* La Meilleraye vient lui-même. *Monfieur De Fabert*, lui dit-il, *oublions le paffé, donnez-moi votre avis : que ferons-nous ? Voilà le premier bataillon des gardes prêt à exécuter vos ordres*, répond Fabert; *nous fçavons obéir. Point de rancune*, réplique le maréchal, *je vous demande votre fentiment. C'eft d'attaquer*, reprend Fabert. *Marche*, crie le maréchal. A ce mot, le premier bataillon des gardes avance, les autres fuivent ; Fabert joint les Espagnols, les attaque, les pourfuit l'épée dans les reins jufqu'aux portes de Collioure, & leur fait beaucoup de prifonniers. *Campagnes du maréchal De Fabert.*

1642.

Les François ayant entrepris de fe rendre maîtres de Perpignan, Fabert rend compte tous les matins à Louis XIII des opérations du fiège. Un jour le favori Cinq-Mars ofe fe moquer des détails qu'il entend. *Vous avez fans doute paffé la nuit à la tranchée, puifque vous en parlez fi fçavamment*, lui dit le roi. *Sire*, répond le grand écuyer, *vous fçavez le contraire. Allez*, replique Louis, *vous m'êtes infupportable : vous voulez qu'on croie que vous paffez les nuits à régler avec moi les grandes affaires de mon royaume ; & vous les paffez dans ma garde-robe à lire l'Ariofte avec mes valets de chambre. Allez, orgueilleux : il y a fix mois que je vous vomis.* Ce difcours fait fortir

Cinq-Mars ; & , l'œil étincellant de fureur, il dit à Fabert : *Monsieur, je vous remercie. Que vous dit-il ?* s'écrie le roi : *je crois qu'il vous menace. Non, sire*, répond Fabert : *on n'ose faire des menaces en votre présence, & ailleurs on n'en souffre pas.* Vie du maréchal De Fabert.

Les François s'imaginent que le siège de Perpignan sera court , parce qu'ils supposent qu'on manque de vivres. Le marquis Flores D'Avila distribue avec beaucoup d'économie ceux qu'il a , & en cache une partie, afin que les assiégeans, comptant que la place se rendra bien-tôt faute de subsistances , ne l'attaquent pas de vive force. Les François donnent dans le piège qu'on leur tend ; mais l'indolence des Espagnols rend la ruse du gouverneur inutile. *Nani, histoire de Venise.*

1642.

Le roi d'Angleterre, Charles I, & ses sujets , après de grands démêlés, en viennent à une guerre ouverte. La bataille d'Edgehill, que le prince gagne contre les parlementaires, est le premier acte d'une des plus sanglantes tragédies qu'il y ait jamais eu. S'il eut marché tout de suite à Londres, comme la raison de guerre le vouloit, & comme le prince, son neveu, le lui conseilloit, les troubles civils étoient finis, & son autorité solidement établie. La foiblesse de son caractère le détermine à céder aux sentimens de ses principaux officiers, qui lui font craindre que les troupes ne brûlent sa capitale ; ce qui le rendroit irréconciliable avec la nation. Ce prince, qui eut toujours le malheur de préférer le sentiment des autres au sien, ne démêle pas que ses partisans même ont intérêt qu'il ne remporte pas des avantages trop décidés, qui le mettroient en état d'attenter à des libertés dont ils sont & doivent être très-jaloux. Il faut consulter rarement & avec précaution des généraux sur une expédition, où ils ont des intérêts particuliers. *D'Orléans, révolutions d'Angleterre.*

1643.

Les Espagnols, voulant mettre à profit la mort de Louis XIII, attaquent Rocroi. Le duc D'Anguien, si connu depuis sous le nom du grand Condé, est chargé, quoiqu'âgé de vingt-deux ans seulement, de faire lever ce siège. Une action générale, qui seule peut produire cet effet, n'est point du goût de ses lieutenans. Le plus habile & le plus entreprenant de tous, Gassion, lui dit, après qu'on a épuisé toutes les autres objections : *Mais, si nous perdons la bataille, que deviendrons nous ? Je ne m'en mets pas en peine*, répond le prince, *parce que je serai mort auparavant.* Ségréfiana.

Un général qui pense de cette manière livre bataille malgré des contradictions. D'Anguien fait plus: il la gagne par des manœuvres dignes d'un chef confommé. Une méprife rend l'action extrêmement meurtrière. Le comte De Fontaines, qui eft au centre de l'armée Efpagnole, voyant les deux aîles battues, raffemble toute l'infanterie & en fait un bataillon quarré, réfolu de combattre jufqu'à la dernière extrémité. Les François, après avoir été repouffés plufieurs fois avec beaucoup de perte, l'enveloppent. Alors cette brave infanterie, accablée par le nombre & ne pouvant plus fe défendre, met bas les armes, & demande quartier.

Anguien, fuivi d'un gros de cavalerie, s'avance pour recevoir la parole des vaincus & leur donner la fienne, lorfque quelques foldats Efpagnols, croyant qu'on va recommencer l'attaque, tirent fur eux quelques coups qui font bien-tôt fuivis d'une décharge générale. Les François, convaincus que c'eft une perfidie, fondent fur les Efpagnols l'épée à la main, percent ce corps jufques-là impénétrable, & y font un carnage affreux. Telle est l'occasion de la destruction de ces vieilles bandes Castillannes qui avoient rendu leur patrie si redoutable. Depuis cette fatale époque, l'Espagne n'a été long-temps connue que par des défaites continuelles. *Relation de la campagne de Rocroi.*

De Fontaines est trouvé mort à la tête de ses troupes. Les Espagnols regrettent sa perte, les François louent sa fermeté ; & le prince même dit que, s'il n'avoit pu vaincre, il auroit voulu mourir comme lui. *Vie de Louis II prince De Condé.*

Un général François, jaloux & flatteur, dit au duc D'Anguien après la bataille : *Que pourront dire maintenant les envieux de votre gloire ? Je n'en sçais rien,* répond le prince ; *je voudrois vous le demander.* N.

1643.

Saint-Preuil, gouverneur d'Amiens, propose un jour à Courcel-

les une entreprise de cette manière,
» J'ai fait choix de vous, comme
» du plus sage soldat que je connoif-
» se, pour un coup qui fera votre
» fortune. Il s'agit de surprendre Ar-
» ras, & voici comme je l'ai conçu.
» Vous vous déguiserez en paysan,
» & vous irez vendre des fruits sur
» la place. Après que vous y aurez
» été quelque temps, vous prendrez
» querelle avec quelqu'un que vous
» tuerez d'un coup de poignard.
» Vous vous laisserez prendre : on
» vous fera votre procès sur le
» champ, & on vous condamnera
» à être pendu. Je ne sçais si vous
» sçavez que la coutume d'Arras est
» de faire les exécutions hors de la
» ville : c'est là-dessus que roule mon
» dessein. Je disposerai une embuf-
» cade auprès de la porte par où on
» vous fera sortir. Mes gens s'en ren-
» dront les maîtres, dès qu'ils verront
» qu'on sera attaché au spectacle. Je
» marcherai en même-temps pour
» les soutenir, & m'assurer en même-
temps

» temps de la place. Après quoi, je
» suis à vous & vous délivre. Voi-
» là mon deſſein : qu'en dites-vous ?
» Il eſt beau, replique Courcelles ;
» mais la choſe mérite bien quel-
» ques réflexions. Eh bien, ſongez-y,
» dit Saint-Preuil ; & je ſçaurai de-
» main votre réſolution.

Le lendemain Courcelles va le trouver & lui dit : *Votre deſſein me paroît admirable ; mais je vous prie de trouver bon que je commande l'embuſcade, & que vous ſoyez le patient.* N.

1643.

LE maréchal De Guébriant, qui ſoutient & étend la gloire du nom François en Allemagne, eſt mortellement bleſſé au ſiège de Rotwil, petite ville de Suabe. Tandis qu'on le porte de la tranchée dans ſa tente, il dit aux ſoldats qu'il voit ſur ſon paſſage : *Compagnons, ma bleſſure eſt peu de choſe ; mais j'appréhende qu'elle ne m'empêche de me trouver à l'aſſaut que vous allez livrer.*

Tome II. M

Je ne doute pas que vous ne faſſiez vaillamment, comme je vous ai vu toujours faire, & que vous n'emportiez cette place où il y a peu de troupes pour la défendre. Je me ferai rendre compte de ceux qui ſe ſeront diſtingués ; & je reconnoîtrai le ſervice qu'ils auront rendu à la patrie dans une occaſion ſi brillante.

Son capitaine des gardes, homme naturellement vif, & dont la circonſtance actuelle augmente encore l'impétuoſité, ſe donne des mouvemens extraordinaires pour trouver un chirurgien. Guébriant l'appelle & lui dit : *Allez plus doucement, Gauville : il ne faut jamais effrayer le ſoldat.*

Les aſſiégés ne voulant pas s'expoſer à être emportés de vive force, prennent le parti de ſe rendre. Guébriant ſe fait porter dans la place : il y expire, peu après, tranquillement au milieu des ſoins qu'il ſe donne pour ſon ſalut & pour la conſervation de ſa conquête. *Vie du maréchal De Guébriant.*

1643.

Lucius Cary, vicomte de Falkland, secrétaire d'état en Angleterre durant les convulsions civiles du règne de Charles I, est tué à la bataille de Neubury. Ce citoyen éclairé, vertueux & ferme, étoit inquiet pour sa patrie, & sembloit autant redouter la prospérité excessive de son parti, que celle de la faction opposée. Souvent au milieu de ses intimes amis, après un profond silence & de fréquents soupirs, il répétoit tristement le mot de *paix*. Pour se justifier de ce qu'il exposoit plus librement sa personne aux dangers de la guerre, que sa place ne sembloit le permettre, il disoit qu'*il se croyoit obligé d'être plus hardi qu'un autre, de peur que son impatience pour la paix ne le fît soupçonner de timidité ou de poltronnerie.* Hume, histoire de la maison de Stuard.

1644.

Henri De la Tour-d'Auvergne, vicomte de Turenne, commence à commander des armées. C'eſt une époque dans les annales de la France & dans l'hiſtoire militaire de l'Europe. La nature & l'application ont également concouru à former ce grand homme.

Ayant, dès l'âge de dix ans, entendu répéter pluſieurs fois que ſa conſtitution étoit trop foible, pour qu'il pût jamais ſoutenir les travaux de la guerre, il ſe détermine pour faire tomber cette opinion, à paſſer une nuit d'hiver ſur le rempart de Sédan. Comme il n'a mis perſonne dans ſa confidence, on le cherche long-temps inutilement. On le trouve enfin ſur l'affut d'un canon, où il s'eſt endormi.

Le goût naturel que le jeune vicomte avoit pour les armes, étoit augmenté par l'étude de la vie des grands capitaines. Il étoit ſur-tout frappé de l'héroïsme d'Alexandre, & lisoit avec transport Quint Curse. Un officier lui ayant soutenu un jour, en plaisantant, que l'historien qui échauffoit si fort son imagination n'étoit qu'un roman, Turenne en fut vivement piqué, fit secrètement appeller en duel son adversaire, sortit de la ville sous prétexte d'aller à la chasse, & arriva au rendez-vous, où il trouva une table dressée. Tandis qu'il rêvoit à ce que signifioit cet appareil, la duchesse sa mère parut avec l'officier, & dit à son fils qu'elle venoit servir de second à celui contre lequel il vouloit se battre. Les chasseurs se rassemblèrent ; on servit le déjeûné, & la paix fut faite. *Ramsay, histoire de Turenne.*

Après que Turenne eut été apprendre la guerre en Hollande, il fut mis à la tête d'un régiment François, avec lequel il servit, en 1634. au siège de la Motte. Cette ville de Lorraine fut vaillamment & sçavamment défendue. Le maréchal De la

Force, qui commandoit les assaillans, fit attaquer un bastion qui devoit décider du sort de la place. Tonneins, son fils, chargé de cette opération, échoua. Turenne, nommé pour le remplacer, réussit par des coups de génie qui étonnèrent tout le monde. La Force eut la probité & l'élévation de rendre à la cour un compte exact de tout ce qui s'étoit passé : action difficile & généreuse, dont Turenne lui sçut tant de gré, que, pour cette raison, il épousa dans la suite sa fille.

Ce goût pour la vertu se manifestoit dans toutes les occasions. Le vicomte, chargé en 1637 de réduire le fort de Solre dans le Hainaut, l'attaqua si vivement qu'en peu d'heures il réduisit une garnison de deux mille hommes à se rendre à discrétion. Les premiers soldats qui entrèrent dans la place, y ayant trouvé une très-belle personne, la lui ammenèrent comme la plus précieuse portion du butin. Turenne, feignant de croire qu'il n'avoient cherché qu'à la dérober à la brutalité de leurs compagnons, les loua beaucoup d'une conduite si honnête. Il fit tout de suite chercher son mari, & la remit entre ses mains, en lui disant publiquement : *Vous devez à la retenue de mes soldats l'honneur de votre femme.* Raguenet, histoire de Turenne.

Turenne servit en Italie en 1639. Toute la gloire d'un avantage considérable, remportée à la fin du mois de novembre, lui fut généralement donnée. Cependant il parloit si peu de lui dans une relation de cette action qu'il envoya à Paris, qu'un de ses amis lui manda que, *la renommée se trompoit, puisqu'elle repandoit par tout qu'il avoit eu la principale part à la victoire.*

Après avoir servi dix-sept ans sous différens généraux, Turenne fut fait maréchal de France à trente-deux ans. Rien ne lui fait plus d'honneur que l'aveu de ce qu'il croyoit devoir à chacun de ses maîtres. Il disoit

» qu'il tenoit du prince Frédéric-
» Henri D'Orange, son oncle, les
» principes de bien choisir un camp;
» d'attaquer une place dans toutes
» les règles ; de former un projet,
» de le rouler long-temps dans la
» téte, & de ne rien faire paroître
» qu'au moment de l'exécution; d'ê-
» tre dépouillé d'ostentation, & de se
» remplir de sentimens vifs & relevés
» pour l'intérêt de la patrie, plutôt que
» pour sa propre gloire. «En parlant du
duc De Weymar, il disoit » que de
» rien ce général faisoit toutes cho-
» ses, & ne s'enorgueillissoit pas de
» ses succès ; que, lorsqu'il avoit du
» malheur, il ne songeoit pas tant
» à se plaindre qu'à se relever ; qu'il
» aimoit mieux se laisser blâmer injus-
» tement, que de s'excuser aux dépens
» de ses amis qui avoient manqué
» dans l'action ; qu'il étoit plus oc-
» cupé à réparer ses fautes, qu'à per-
» dre son temps en apologies ; &
» enfin, qu'il cherchoit plus à se
» faire aimer par les soldats, qu'à

« s'en faire craindre. » Il avoit remarqué sous le cardinal De la Valette, » que pour être agréable aux » militaires, il falloit, en allant à l'ar- » mée, renoncer aux fausses délica- » tesses de la cour, à la galanterie, » aux amusemens du bel esprit, & » vivre avec les officiers à leur mo- » de, sans façon & sans affectation. » Il fut confirmé, en voyant la con- » duite du comte D'Harcourt, dans » la grande maxime de César, que » de toutes les vertus militaires, la » diligence & l'expédition sont les » plus essentielles, & qu'elles en- » traînent ordinairement le succès, » quand elles sont accompagnées de » circonspection & de prudence. « *Ramsay, histoire de Turenne.*

1644.

LE duc De Saxe-Weymar, le *bras droit* du grand Gustave, se rendit indépendant après la mort de ce roi conquérant. Lui-même ayant péri quelques années après, la France réuſſit à s'approprier toute ſa ſuc-ceſſion. Le maréchal De Guébriant commanda pendant quatre ans l'armée Weymariene, qui, par la fin tragique de ce général illuſtre, paſſa ſous les ordres de Turenne. Le nouveau chef ſignale les premiers jours de ſon autorité par un trait qu'il trouve aſſez digne de ſon ame pour le conter lui-même. Voici ſes propres expreſſions:

» M. De Turenne étant allé à
» Briſſac, trouva que M. D'Erlac,
» qui en étoit gouverneur, s'étoit
» retiré dans une maiſon de campa-
» gne qu'il avoit en Suiſſe, & avoit
» laiſſé une lettre, qu'on donna à
» M. De Turenne quand il arriva
» dans le château, par laquelle il
» lui mandoit que, croyant que le
» miniſtre avoit quelque ſoupçon de
» lui, il étoit ſorti de la place, &
» qu'il la lui remettoit entre les
» mains, le priant de lui renvoyer
» ſa femme.

» M. De Turenne fut un peu ſur-

» pris de la conduite de M. D'Er-
» lac, qui quittoit un si bel établis-
» sement pour un soupçon mal fon-
» dé : mais, croyant qu'il seroit in-
» digne de lui de profiter de l'action
» de M. D'Erlac pour se rendre maî-
» tre de son gouvernement, il lui
» envoya M. De Traci pour le prier
» de revenir ; &, trois ou quatre jours
» après, M. D'Erlac revint dans sa
» place, que M. De Turenne lui re-
» mit entre les mains, & en partit
» quelques jours après. « *Mémoires du vicomte De Turenne.*

L'action est d'autant plus belle, que M. De Turenne, ce que par modestie il ne dit pas, avoit fort desiré d'être gouverneur de Brissac.

1644.

LE duc D'Anguien attaque le célèbre Merci, posté, avec ses Bavarois, dans un lieu très-avantageux près de Fribourg, & l'y force après plusieurs combats très-sçavans & très-meurtriers. Le général François, pour animer davantage les troupes à emporter les retranchemens qu'il attaque, y jette son bâton de commandant ; montrant, par cette action, que, pour empêcher que ce bâton ne tombe entre les mains des Allemands, il faut se rendre maître de l'endroit où il a été jetté. Cet héroïque stratagême a un succès complet. Il rend les moindres soldats de l'armée capables des plus grands efforts. Peut-être que, sans ce moyen, qui est presque toujours puissant, on auroit échoué dans une entreprise qui étoit aussi difficile qu'importante. *Vie de Louis II, prince De Condé.*

1644.

LE duc D'Orléans, ayant les maréchaux De la Meilleraye & De Gassion sous ses ordres, attaque Gravelines. Les François, après avoir fait leur circonvallation, sont avertis que Mélos est à Bergues avec une assez petite armée, mais qui doit être renforcée de celles du comte D'Isembourg, De Bucquoi, De Bec, du duc De Lorraine & de Picolomini. La réputation de tant de grands capitaines donne de l'inquiétude à la plus part des officiers assiégeans. L'un d'eux dit que *l'armée Espagnole est une armée de capitaines.* Hé bien, répond Gassion, *nos soldats battront ces capitaines.* Vie du maréchal De Gassion.

Lorsque la place a capitulé, le régiment des gardes, conduit par La Meilleraye, entre le premier dans la place; le premier régiment de l'armée étant le seul qui, suivant l'usage du temps, ait droit d'entrer dans une ville conquise, quand il est assez fort pour la garder. Gassion voulant y faire entrer le régiment de Navarre, La Meilleraye s'y oppose; &, la querelle s'échauffant, ils mettent tous deux l'épée à la main, l'un criant; *A moi Navarre*, & l'autre, *A moi les gardes.*

Les deux maréchaux & les deux

régimens font fur le point d'en venir aux mains, lorfque le marquis De Lambert arrive. Il fait ce qu'il peut pour les appaifer ; mais, voyant qu'il n'y réuffit pas, il dit, d'un ton de maître, au régiment des gardes & à celui de Navarre : *Meffieurs, vous êtes les troupes du roi. Il ne faut pas que la méfintelligence de deux généraux vous faffe couper la gorge; c'eft pourquoi je vous commande, de la part du roi & de M. le duc D'Orléans, de retirer vos armes, & de ne plus obéir ni à M. De la Meilleraye ni à M. De Gaffion.* Les troupes lui obéiffent ; & les deux maréchaux, voyant qu'ils ne font plus les maîtres, fe retirent. Cette action, également fage & hardie, augmente confidérablement la réputation de Lambert. *Mémoires de Puyfégur.*

1644.

LA crainte de fe rendre fufpect au fouverain, ou de déplaire à fes miniftres, empêché fouvent de former des entreprises qui seroient décisives pour l'état. Le maréchal De la Mothe-Houdencourt en n'ayant pas le courage de profiter de l'occasion que la fortune lui présente en Catalogne, de prendre le roi d'Espagne à la chasse, & de l'envoyer prisonnier en France, manque de rendre à sa patrie le service le plus signalé. La crainte d'offenser la régente le fait renoncer à un si beau coup. Avec plus de fermeté & de jugement, il auroit senti que toute la France lui auroit servi de bouclier contre le ressentiment de la reine mère; & qu'elle-même auroit été obligée de cacher son mécontentement, pour ne pas laisser soupçonner qu'elle avoit plus de tendresse pour son frère que pour son fils. On peut appliquer à La Mothe ce que Tacite dit d'un général de son temps: *Nec ausus est satis, nec providit.* Amelot, notes sur Tacite.

1644.

Les républicains & les royalistes Anglois en viennent aux mains dans les plaines d'Yorck. L'armée Parlementaire eſt battue & miſe en déroute. Olivier Cromwel, un des officiers les plus diſtingués de ce parti, quoiqu'il ne ſerve que depuis trois ans, apprend cet événement dans un lieu écarté où il ſe fait panſer d'une bleſſure qu'il a reçue au commencement de l'action, & remonte à cheval ſans attendre qu'on ait bandé ſa plaie. *A quoi me ſerviroit ce bras, ſi l'e parlement perdoit la bataille ?* dit-il au chirurgien qui lui demande quelques momens. Il court tout de ſuite, à toute bride, ſur les Royaliſtes. Ayant rencontré ſon général, le comte De Mancheſter, qui fuit avec les autres, il le prend par le bras en lui diſant: *Vous vous méprenez, mylord: l'ennemi n'eſt pas où vous allez; il faut venir de ce côté ci pour le trouver.*

Manchester, piqué d'honneur par ce reproche ingénieux, retourne sur ses pas; on recommence à charger; & les troupes, qui avoient d'abord plié, font des efforts si prodigieux, qu'elles remportent un avantage complet & décisif. Le carnage est tel, dans cette célèbre & malheureuse journée, que le chevalier Wane ose dire dans la chambre basse: *Que, si toutes les victoires du parlement coûtoient autant de sang, il seroit à souhaiter qu'elles ne fussent pas fréquentes; parce qu'autrement il faudroit appeller les nations étrangères pour peupler le royaume.* Vie de Cromwel.

1645.

FAIRFAX, qui remplace Manchester à la tête des armées parlementaires, attaque Clochester. Ennuyé de la longueur du siège, il fait proposer une entrevue au gouverneur de la place, le baron De Capel. Pour tirer parti de cette conférence qui est acceptée, il fait amener au camp le fils de Capel, & l'exhorte, s'il veut conserver ses jours, à conjurer son père de se rendre. *Mon père est trop sage*, répond le généreux enfant, *pour prendre des conseils de moi. Eh bien*, replique Fairfax en fureur, *vous mourrez, puisque vous ne voulez pas vivre.*

Capel arrive peu de momens après ce singulier entretien. Son fils, nud jusqu'à la ceinture, les mains liées derrière le dos, au milieu de quatre soldats dont deux lui appuient un poignard sur le sein, & les deux autres un pistolet sur l'estomach : tel est le premier spectacle qui s'offre à lui. Pendant qu'il a les yeux fixés sur ce triste objet, un officier lui dit : *Préparez vous à vous rendre à des conditions honorables, ou à voir le sang de votre fils sacrifié à votre obstination.*

Quelque terrible que soit cette épreuve, le gouverneur la soutient avec fermeté. *Mon fils*, s'écrie-t-il, *souvenez-vous de ce que vous devez à dieu & au roi.* Après avoir répété trois fois ces mots héroïques, il rentre dans la place qu'il continue de défendre de la manière la plus vive, la plus fière & la plus sçavante. Il ne la rend à la fin, que parce que le secours qui lui arrive est battu par Cromwel, & qu'il manque tout-à-fait de vivres. *Vie de Cromwel.*

1645.

Les François, commandés par le duc D'Anguien, gagnent la bataille de Nortlingue, dans laquelle le général Bavarois Merci, un des plus grands capitaines du siècle, est tué. On l'enterre dans le champ de bataille, & on grave sur sa tombe ces mots honorables : *Sta, viator, heroem calcas : Arrête, voyageur, tu foules un héros.*

On est obligé de dire une chose tout-à-fait singulière & à l'avantage de Merci : c'est que, dans tout le cours de deux campagnes que le duc

D'Anguien, le maréchal De Gramont & M. De Turenne, avoient faites contre lui, ils n'avoient jamais rien projetté dans leur conseil de guerre, que Merci ne l'eût deviné & ne l'eût prévenu, comme s'ils lui eussent fait confidence de leur dessein. C'est un éloge que peu d'autres généraux ont mérité. *Mémoires du maréchal De Gramont.*

1645.

LE comte Du Plessis-Praslin fait le siège de Roses. Comme la place est vivement pressée, & qu'elle ne peut pas être secourue, il compte de s'en voir bientôt le maître. Un événement singulier ruine tout-à-coup des espérances si bien fondées. Il survient, le vendredi saint, des pluies si considérables, que le soldat, ne pouvant plus tenir dans la tranchée, se disperse dans les campagnes, & que le général se trouve avec trois cent hommes seulement dans le camp. Cette dispersion n'a pas les suites qu'elle devoit avoir. La garnison ne fait point de sortie : &, le temps s'étant remis au beau le jour de Pâques, les troupes, qui pouvoient se débander & repasser en France, se rendent toutes sous leurs drapeaux. On est en état de recommencer bientôt le siège, & on emporte la place. *Quincy, histoire militaire de Louis XIV.*

1646.

LES François assiègent Courtrai. Charles IV, duc de Lorraine, veut engager le marquis De Caracène à attaquer leurs lignes ; mais il ne peut jamais l'y déterminer. *Nous sommes*, lui dit-il, *bons catholiques, & nous aurons dieu pour ami. Si,* replique Caracène, *mas por enemigo, el diabolo De Gassion.*

D'un autre côté, l'abbé De la Rivière, qui est un grand poltron, & qui gouverne absolument le duc D'Orléans généralissime de l'armée Françoise, veut qu'on lève le siège.

Comme il parle avec facilité & avec agrément, ce qu'il dit fait impreffion fur le prince & fur beaucoup d'officiers. Gaffion qui, eft naturellement brufque, & qui d'ailleurs eft impatienté par ce qu'il entend, rompt en vifière au préfomptueux favori. *Monfieur l'abbé*, lui dit-il, *les beaux efprits font de pauvres engins pour la guerre.* Il accompagne ce difcours d'un coup d'œil fi méprifant, que l'orateur déconcerté ne fe mêle plus d'un métier qu'il n'entend point. On continue à battre la place, & on l'emporte en peu de temps. *Vie du maréchal De Gaffion.*

1646.

LE duc D'Anguien, qui, deux mois après, prend le nom de Condé à la mort de fon père, attaque Dunkerque. Lorfqu'il s'eft affuré de l'événement du fiège, en mettant les Efpagnols hors d'état de fecourir la place, il cherche à l'abréger, pour avoir le temps de faire d'autres opérations avant le quartier d'hiver. Dans cette idée, il fait proposer une conférence au marquis De Lède. Ce gouverneur l'accepte, & envoie Jacinthe De Veere au camp des François.

Le prince reçoit cet officier avec distinction, le félicite sur la belle défense qu'on a faite jusqu'alors, l'assure que l'entreprise auroit été plutôt terminée si elle avoit été traversée par de moins braves gens qu'eux, lui démontre l'impossibilité de recevoir aucun secours. *Malgré tout cela*, ajoute Anguien, *je vous laisserai sortir de Dunkerque avec honneur, si vous voulez: mais, si vous continuez à vous défendre, vous me forcerez d'user des rigueurs de la guerre, & de vous destiner à une fâcheuse prison.*

Le général, qui est né avec une grande pénétration, s'apperçoit aisément de la forte impression que ce discours fait sur De Veere, qui s'étoit assez malhonnêtement échappé des mains des François dont il avoit été prisonnier, & qui attend son avancement de Lamboi, dont toute la considération est attachée à cinq régimens à lui, qui sont dans la place. Palluau, esprit enjoué, vif & insinuant, est chargé d'augmenter ce trouble ; & il s'en acquitte si bien, que De Veere, de retour dans la ville, en fait résoudre la reddition. Ainsi le marquis De Lède est puni de la faute qu'il a faite en choisissant, pour parlementer, un homme qui avoit des intérêts essentiellement différens de ceux de la cause commune. *Sarrasin, histoire du siège de Dunkerque.*

1646.

Le maréchal De la Meilleraye, qui commande une armée Françoise en Italie, a la curiosité de voir Porto-Ferrare, qui passe pour une place de la première force. Il dit au commandeur Grifoni qui y commande que la fortification est bonne ; mais que, si le roi son maître lui commandois doit de l'attaquer, il lui en rendroit bon compte en six semaines. Grifoni lui répond qu'il prend un trop long terme, & que le grand-duc est si fort serviteur du roi de France, qu'il ne faudroit qu'un moment. Le maréchal a honte de sa grossièreté, & il l'a répare en disant : *Vous êtes un galant homme, monsieur le commandeur; & je suis un sot. Je confesse que votre place est imprenable.* Mémoires du cardinal De Retz.

L'amitié ou la politesse n'autorisent pas un gouverneur à hasarder sa place. Une confiance déplacée est presque toujours suivie d'un revers mérité. Cesar Cavaniglia, castellan de Livourne, se conduit suivant cette maxime.

Le grand-duc de Toscane, François, lui avoit donné ordre de rendre les plus grands honneurs à un viceroi de Naples, qui eut la curiosité de voir la citadelle. Don César le prie d'y venir avec peu de suite; &, avant de le recevoir, y fait entrer une compagnie d'infanterie. S'appercevant que ces précautions bleſſent le viceroi : *Monſeigneur*, *lui dit-il*, *j'ai oui aſſurer à nos pères qu'anciennement on couvroit d'une peau d'âne ceux à qui l'on confioit des places d'importance*, *pour les avertir que le devoir de leur charge les exemptoit de toute cérémonie & de toute civilité*, *pour éviter toute ſurpriſe*. Amelot, notes ſur Tacite.

1647.

La France voulant faire paſſer les forces qu'elle a en Allemagne dans les Pays-Bas, où elle eſpère les employer plus utilement, les troupes Weymariennes refuſent d'obéir, dans la crainte d'être traitées avec moins d'égards lorſqu'elles feront hors de leur pays, de ſe voir exclues de leurs privilèges, & peut-être diſperſées dans d'autres corps. Turenne, quoiqu'étonné d'un événement ſi imprévu, ne balance pas à envoyer en Flandre les régimens

François qui sont dans son armée; &, suivi seulement de quatre domestiques, il suit les rebelles, & fait à son ordinaire les fonctions de général.

Les factieux, touchés de la douceur, de la fermeté & de la constance d'un chef qu'ils ont adoré jusqu'alors, offrent de rentrer dans leurs premiers engagemens, s'il peut payer la solde de six mois qui leur est due, ou en être du moins la caution. Un homme ordinaire n'auroit pas balancé à contracter cette obligation; mais Turenne, qui ne promet jamais que ce qu'il peut tenir, & qui croiroit se déshonorer en manquant à sa parole, ne veut jamais s'engager.

Tant de vertu fait une impression si vive sur tous les officiers des révoltés, qu'ils se rangent à leur devoir. Beaucoup de soldats suivent leur exemple: Les autres, au nombre de quinze cents, choisissent des chefs parmi leurs compagnons, &

s'éloignent avec une diligence incroyable. Turenne les fuit à la téte de ceux-là méme qui se sont soumis, les atteint, & les fait charger. Il alloit faire pendre quelques-uns des prisonniers qu'il a faits, lorsqu'un vieux cavalier qu'on mène à la potence, découvrant son sein & regardant le vicomte en face : *Mon général*, lui dit-il, *ne souille point la gloire de tes belles actions, en faisant mourir par la main d'un bourreau un vieux soldat tout cicatrisé qui a affronté mille fois la mort sous tes étendards.* Turenne attendri lui pardonne ainsi qu'à tous les autres, & sort honorablement de la plus malheureuse affaire qui puisse arriver à la guerre. *Vittorio Siri.*

1647.

GASSION affiège la Baffée. Comme il sçait que la place peut être secourue d'un moment à l'autre, il presse les attaques, emporte en deux jours le chemin couvert, fait une large brèche, & se dispose à emporter les ouvrages de vive force. Avant de donner l'assaut, il fait signifier que, si l'on ne se rend à l'instant, tout sera passé au fil de l'épée. Le gouverneur intimidé demande quatre heures pour se déterminer. Le maréchal met sa montre sur le fossé, & jure que, si dans trois quarts d'heure on ne se rend, il n'y aura de quartier ni pour la garnison ni pour les habitans. Sur le champ les clefs sont apportées. Il étoit temps; le secours approchoit, & dans quelques heures la ville étoit dégagée. *Vie du maréchal De Gassion.*

1647.

Gassion forme le siège de Lens, où il est tué en s'efforçant d'arracher un pieu de la palissade qui défend le chemin couvert; occupation plus digne d'un grenadier que d'un général.

Jean De Gassion étoit fils d'un président au parlement de Pau. La passion qu'il avoit pour la guerre fut long-temps & fortement traversée. Son père, en se rendant en 1524, lui dit avec chagrin : *Souvenez-vous bien, mon fils, de ce que je vous ai tant de fois répété sur la délicatesse du métier que vous allez faire. Sçachez que vous m'aurez pour le plus grand de vos ennemis, si vous manquez de cœur ; & que je serai le second de tous ceux que vous pourrez quereller mal-à-propos.*

Gassion contoit à madame De Motteville que, lorsqu'il sortit de la maison paternelle pour aller chercher fortune à la guerre, il n'avoit que vingt ou trente sois pour faire son voyage ; &, qu'en marchant dans les chemins, il mettoit ses souliers au bout d'un bâton pour les conserver. *Mémoires de Motteville.*

Après avoir fait une campagne dans la Valteline, Gassion s'attacha au duc De Rohan, qui, à la tête des Calvinistes, soutenoit la guerre civile avec une grande réputation de talent. Quoique blessé au pont de Cameretz, il ne veut pas se séparer de son général. *Mais pourrez-vous nous suivre?* lui dit le duc. *Qui m'en empêchera?* répond Gassion : *vous n'allez pas si vîte dans vos retraites.* Cette repartie, obligeante sans être fade, fait honneur au jeune militaire & fixe les yeux sur lui.

Il passe ensuite au service du grand Gustave, alors la meilleure école de l'Europe. Ce prince, charmé d'une action de vigueur & d'intelligence qu'il lui avoit vu faire, lui donne une gratification considérable : elle est partagée sur le champ à tous ceux qui ont eu part au combat. *Cet argent n'étoit que pour vous,* lui dit Gustave. *Et moi,* replique le jeune officier, *je l'ai distribué à mes compagnons, pour leur conserver la volonté qu'ils ont de mourir pour votre service, que je dois plus chérir & que j'estime plus que ma vie.*

Après le passage du Lech, Gassion fut logé à Ausbourg chez le magistrat, qui en parla avec enthousiasme à Gustave. Ce prince, qui avoit déjà pris beaucoup d'estime & de tendresse pour *son brave*, ainsi qu'il l'appelloit, l'envoya chercher & lui dit avec complaisance : *Mi Galle, novi te egregium militem ; disco te esse optimum hospitem : quid de te possum dicere ampliùs ?* Gassion, qui ne sçait pas le sujet de ces obligeantes paroles, répond : *Fore me tecum victorem, vel pro te mortuum.* Le roi se tourna vers ceux qui étoient autour de lui : *Voilà*, leur dit-il, *le seul François de qui j'aie ouï dire du bien à son hôte.*

Valstein étoit campé à Nuremberg avec soixante mille hommes. Le roi de Suède, qui étoit en présence avec vingt mille hommes seulement, attendoit des secours de plusieurs côtés. Il chargea Gassion de faciliter leur arrivée. Cet officier le fit, & battit en même-temps un corps considérable d'Autrichiens. Ce service étoit si important, que

Gustave exigea que le vainqueur lui demandât quelque chose. *Je souhaite*, lui répondit-il, *d'être encore envoyé au-devant des troupes qui doivent arriver.* Le roi, transporté de joie, lui dit en l'embrassant: *Marche; je te réponds de tout ce que tu laisses ici: je garderai tes prisonniers, & t'en rendrai bon compte.*

Telle étoit la réputation de conduite & de talent qu'avoit Gassion dans toute l'Allemagne, que, pour le faire consentir à un mariage très-considérable, on s'adressa à Gustave. *Sire*, répond Gassion à ce grand prince qui le pressoit très-vivement, *j'ai beaucoup de respect pour le sexe; mais je n'ai point d'amour, & ma destinée est de mourir soldat & garçon.*

Gassion étant entré au service de la France sa patrie, Louis XIII le mène à la chasse par un temps très-froid. Il parle légèrement sur les personnes de la suite du roi, que ce temps fait murmurer; & le roi lui demande s'il n'a pas plus pitié des soldats que des courtisans. *Non, sire, répond Gassion : Quand il sont en quartier, ils ne peuvent pas avoir froid au coin du feu ; &, quand ils sont en campagne, le fantassin n'a pour s'échauffer qu'à marcher, & le cavalier n'a qu'à se battre.*

Gassion avoit établi, parmi les gens du métier les plus entendus, la maxime que la spéculation étoit merveilleuse dans le cabinet ; mais qu'il falloit nécessairement de l'audace & de l'action à la guerre. Il ne trouvoit presque rien d'impossible. Lorsqu'on opposoit quelques difficultés au cardinal De Richelieu, il disoit quelles seroient levées par Gassion. S'adressant un jour à ce colonel, il lui dit d'une manière obligeante : *Pour moi, je fais grand cas d'un* OSER, *& sçais tout ce qu'il vaut.* Vie du maréchal De Gassion.

Un officier représentant à Gassion les difficultés insurmontables d'une chose qu'il alloit entreprendre : *J'ai dans ma tête, & je porte à mon côté*, répondit ce général, *de quoi surmonter cette prétendue impossibilité.* Perrault, hommes illustres.

Un professeur du collège de Lizieux à Paris, nommé Marcel, composa l'éloge funèbre du maréchal De Gassion, & l'annonça par une affiche publique. L'université, qui ne jugea pas convenable qu'un homme de son corps fît le panégyrique d'un Calviniste, lui fit défense de le prononcer. L'orateur en appella au chancelier Séguier, qui ordonna qu'on s'en tiendroit à la délibération de l'université. Un siècle après, l'académie Françoise a proposé pour sujet de son prix d'éloquence, l'éloge du maréchal De Saxe. *Mémoires pour l'histoire universelle de l'Europe.*

1647.

Les Napolitains, las du joug Espagnol qu'ils trouvent trop pefant, fe révoltent, & fe mettent fous la protection de la France. Le duc De Guife qui fe trouve à Rome va fe mettre à leur tête avec le titre de généraliffime. Ceux qui veulent former une république libre & indépendante, cherchent à décrier ce prince, en répétant fans ceffe qu'il eft François, & que fon deffein eft de les livrer à la France. Six mille furieux, affemblés dans une place publique, font retentir ces cris; un mot les appaife. *Non*, dit le duc à l'un d'entre eux; *la France n'eft pas ma patrie : je fuis né dans la chaloupe qui m'a amené ici.* La multitude, charmée de cette réponfe, jure de n'obéir qu'à lui. *Relation de l'abbé Baqui.*

Le duc De Guife charge Cérifantes d'aller attaquer Caftellamare, avec un petit corps qui fe mutine & demande de l'argent.

» J'envoyai, dit le duc, leur en
» promettre pour appaifer ce défor-

» dre ; mais les soldats lui perdirent
» le respect, le menaçant de le tuer,
» s'il les pressoit davantage. Il vint
» m'en avertir, afin d'y porter re-
» mède; j'y courus aussi-tôt, & vis
» qu'à mon abord tous ces révoltés
» souffloient leurs mèches, & les
» compassoient, se préparant à tirer
» sur moi, en me présentant leurs
» mousquets. Je leur demandai fiè-
» rement qui étoient ceux qui ne se
» fioient pas à ma parole, & ne vou-
» loient pas m'obéir. Un insolent
» me répondit, C'est moi, & généra-
» lement tous les autres. Je poussai
» mon cheval droit à lui, & mettant
» l'épée à la main, la lui passant au
» travers du corps, je le tuai tout
» roide. Y en a t-il d'autres, m'é-
» criai-je, qui veuillent mourir de ma
» main ? Un de ses camarades me dit
» que c'étoit lui. Vous ne le méritez
» pas, lui répondis-je; mais vous
» mourrez de celle d'un bourreau.
» Et, le prenant par le collet, je le
» fis désarmer; &, le faisant confesser

» par un aumonier du régiment, je
» le fis pendre à un arbre.

» Tout le reste, étonné de ma ré
» folution, mit les armes bas & me
» demanda pardon. Alors je leur
» commandai de marcher : &, leur
» faifant voir de l'argent que j'avois
» fait apporter pour leur donner, je
» leur dis que, pour les punir de leur
» révolte, ils n'en recevroient de
» trois jours. Après quoi, les ayant
» accompagnés un quart de lieue,
» je m'en revins dans la ville. « *Mémoires du duc De Guife.*

1648.

L'AUDACE des Efpagnols, qui, contre leur coutume, fe mettent de bonne heure en campagne dans les Pays-Bas, eft extrême. Ils font mettre par dérifion dans les gazettes d'Anvers, qu'*ils font réfolus de faire jetter des monitoires, pour fçavoir ce qu'eft devenue l'armée de France, qu'ils ont cherchée par-tout où elle devoit être, fans l'avoir jamais pu trouver.*

Lorsque le prince De Condé a ce qu'il lui faut pour agir avec quelque apparence de succès, il cherche les occasions. Pour toute harangue, il dit à ses soldats, avant de livrer la bataille de Lens : *Mes amis, ayez bon courage. Il faut nécessairement combattre aujourd'hui. Inutilement on chercheroit à reculer. Vaillans & poltrons, tous se battront, les uns de bonne volonté, les autres par force.*

Les François répondent ce jour là très-vigoureusement aux monitoires des Espagnols, & remportent sur eux une victoire complette. Des courtisans avoient déjà jetté dans l'esprit de Louis XIV, encore enfant, de si odieux & si injustes préjugés, qu'il s'écrie avec une grande exclamation, *que le parlement sera bien fâché de cette nouvelle*. Mémoires de madame De Motteville.

1648

Le maréchal De la Ferté attaque Epinal, ville située à l'entrée des Voges, & la clef d'une partie importante de la Lorraine. Les assiégés se défendent avec tant d'activité, d'intelligence & de valeur, qu'il est obligé de renoncer à son entreprise. Les colonels Béru & Remecourt qui commandent dans la place lui font dire que, s'il ne trouve pas la brèche suffisante, ils feront abbattre cinquantes toises de muraille pour qu'il puisse donner l'assaut. Cette hardiesse méprisante détermine quelques téméraires de l'armée Françoise à s'approcher des murs. Ils n'y gagnent que des coups de faux, que les assiégés ont préféré au feu pour leur défense. Un Gascon, très-déterminé, qui en a reçu cinq ou six, dit qu'*il falloit qu'on l'eût pris pour un pré, tant on l'avoit bien fauché*. Mémoires de Bauveau.

1648.

LEs deux classes de l'école de Westminster ne sont séparées que par un rideau, qu'un écolier déchira un jour par hasard. Comme cet enfant étoit d'un naturel doux & timide, il trembloit de la téte aux pieds, dans la crainte du châtiment qui lui feroit infligé par un maître connu pour être très-rigide. Un de ses camarades le tranquillisa, en lui promettant de se charger de la faute & de subir la punition : ce que réellement il fit. Ces deux amis, qui étoient devenus hommes lorsque la guerre civile éclata, embrassèrent des intérêts opposés : l'un suivit le parti du parlement, & l'autre le parti du roi ; avec cette difference, que celui qui avoit déchiré le rideau tâcha de s'avancer dans les emplois civils, & celui qui en avoit subi la peine, dans les militaires.

Après des succès & des malheurs variés, les Républicains remportèrent un avantage décisif dans le nord de l'Angleterre ; firent prisonniers tous les officiers considérables de l'armée de Charles, & nommèrent, peu après, des juges pour faire le procès à ces rebèles, ainsi qu'on les appelloit alors. L'écolier timide, qui est un de ces magistrats, entend prononcer parmi les noms des criminels celui de son généreux ami qu'il n'a pas vu depuis le collège, le considère avec toute l'attention possible, croit le reconnoître, s'assure par des questions sages qu'il ne se trompe pas; &, sans se découvrir lui-même, prend avec un grand empressement le chemin de Londres. Il y emploie si heureusement son crédit auprès de Cromwel, qu'il préserve son ami du triste sort qu'éprouvent ses infortunés complices. *Spectateur moderne.*

1649.

LA caisse militaire, que les Turcs portent dans leurs expéditions, est toujours placée dans la tente du sultan, ou du visir, au milieu du camp; & elle est gardée par un détachement de spahis qu'on relève de temps en temps. Quoique les coffres soient assez souvent vuides, on ne laisse pas de les exposer aux yeux des soldats, garnis de leurs cadenats, & gardés selon la coutume, de peur qu'on ne paroisse être sans argent, & que ce soupçon ne rallentisse l'ardeur des troupes lorsqu'il faut combattre. C'est un des meilleurs stratagêmes pour inspirer du courage à une armée.

Sous le règne d'Amurat IV, les Autrichiens poussent les Turcs jusqu'à la tente où se garde le trésor. A la vue de cet important objet, les infidèles sentent revivre toute leur ardeur, font des efforts dont on ne les croyoit pas capables, & arrachent la victoire des mains de leurs ennemis. *Mœurs & usages des Turcs.*

1649.

LES guerres civiles de la Fronde, qui troublent la France depuis un an, dégénèrent en une sorte de plaisanterie qui est tout-à-fait dans le goût de la nation : ce qui donne occafion au bon mot du grand Condé, que *cette guerre ne peut être écrite qu'en vers burlesques, parce qu'on y passe les jours entiers à se moquer les uns des autres.* Mémoires de Nemours.

1650.

LA minorité de Louis XIV est remplie de troubles. Condé, après avoir soutenu les intérêts de la cour, devient suspect au cardinal Mazarin; & est arrêté avec Conti son frère, & son beau-frère le duc De Longueville. Turenne se déclare pour ces trois princes ; & , dans la vue de rompre leurs fers, se joint aux Espagnols. Il est battu par l'armée Royale près de Rhétel. Interrogé longtemps après, par un homme également borné & indiscret, comment il avoit perdu cette bataille, & celle de Mariendal, il répondit simplement, *Par ma faute.* Les gens du métier prétendoient qu'il n'avoit jamais mieux déployé les ressources de son génie que dans ces deux grandes occasions.

» Si je voulois, disoit-il, me faire
» justice un peu sévèrement, je di-
» rois que l'affaire de Mariendal est
» arrivée pour m'être laissé aller,
» mal-à-propos, à l'importunité des
» Allemands qui demandoient des
» quartiers; & que celle de Rhétel
» est venue pour m'être trop fié à
» la lettre du gouverneur qui pro-
» mettoit de tenir quatre jours, la
» veille même qu'il se rendit. Je
» fus dans ces occasions trop cré-
» dule & trop facile. Mais, quand un
» homme n'a pas fait de fautes à la
» guerre, il ne l'a pas faite long-
» temps «. Œuvres de S. Evremont.

Le vainqueur de Turenne, le maréchal Du Plessis-Praslin, perd son second fils dans cette brillante occasion, après avoir perdu l'aîné dans une victoire fort glorieuse, qu'il avoit remportée devant Crémone.

» Ce maréchal m'a avoué depuis,
» en me parlant de la mort de ses

» deux fils, que la joie de gagner
» une bataille est si sensible, qu'elle
» élève l'ame d'un homme au-des-
» sus de tout ce qui peut la toucher
» dans le monde ; me faisant enten-
» dre que ce qui regarde notre hon-
» neur & notre gloire nous paroît
» plus propre, & nous est plus cher
» que nos enfans, que nous ne sçau-
» rions aimer que comme d'autres
» nous-mêmes ; au lieu que nous
» nous aimons bien moins nous-mê-
» mes que notre honneur, pour le-
» quel nous nous sacrifions tous les
» jours «. *Mémoires de madame De Motteville.*

Turenne, chagrin de voir révolter en Allemagne une partie de son armée, avoit fait arrêter le général Rose qu'il soupçonnoit d'avoir préparé cet événement. Le cardinal Mazarin lui rend la liberté, pour l'opposer à Turenne même. Rose lui prend à Rhétel son bagage, & le lui renvoie en lui faisant dire que *ce n'est point à son équipage, mais à sa personne qu'il en veut.* Mémoires de Monglat.

» Lorsque le maréchal Du Plef-
» fis-Praflin, qui attaquoit Rhétel,
» fut d'avis d'aller au-devant de Tu-
» renne qui, à la tête des rebèles de
» France & des Espagnols, s'avan-
» çoit pour secourir la place, j'ajou-
» tai, dit Puiségur, qu'il falloit faire
» demeurer les bagages, afin que
» nous puissions aller plus vîte ; &
» commander qu'on n'y laissât que
» les valets, un sergent & quinze
» hommes de chaque régiment.
» Lorsque cela fut commandé, tout
» le monde se mit à crier contre
» moi, en disant que je n'avois là
» qu'un mulet, & qu'il m'étoit bien
» aisé de conseiller que les autres
» laissassent leur bagage. Je leur re-
» pondis : Si je n'ai ici qu'un mulet,
» & que je le laisse, je laisse aussi
» bien tout mon bagage, que vous
» qui laissez votre chariot. Je dis à
» monsieur le cardinal Mazarin que,
» quand les François alloient au

» combat, & qu'ils avoient leur
» bagage derrière, chaque capitai-
» ne y envoyoit une partie des meil-
» leurs hommes qu'il eut; & qu'ainfi
» les troupes étoient affoiblies de
» leurs plus forts foldats : que les
» ennemis faifoient tout le contrai-
» re, en faifant monter fur leurs
» chevaux les valets qu'ils ont au
» bagage, & les faifant combattre
» comme eux. Leur raifon eft que,
» s'ils gagnent la bataille, ils font
» affurés qu'ils ne perdront pas leur
» bagage; & que, s'ils la perdent,
» ils perdent toujours leur bagage.

» Après l'action, le cardinal Ma-
» zarin me dit : Puſſégur, tout nous
» a réuffi comme vous me l'aviez
» dit; qu'eft-ce qu'il y auroit main-
» tenant à faire ? Ce feroit, lui ré-
» pondis-je, d'aller au Havre trou-
» ver monfieur le prince, & lui dire :
» Toutes les forces d'Efpagne, les
» vôtres, & tous vos amis, n'ont
» pu empecher que nous n'ayons
» gagné la bataille ; mais : bien loin
» de

» de me servir de ce bel avantage,
» je viens ici pour vous sortir tous
» trois de prison, & vous ramener à
» la cour; mais à condition que vous
» servirez bien le roi, & que vous
» serez de mes amis. Il me répon-
» dit : Vous n'êtes pas le premier
» qui m'a dit cela ; mais cela ne se
» peut pas faire. « *Mémoires de Puy-ségur.*

Turenne, quoique vaincu à Rhétel, paroît si grand aux Espagnols, qu'ils lui donnent pouvoir de nommer à tous les emplois qui vaquent par la mort des officiers tués dans le combat, & lui envoient cent mille écus à compte de ce qu'ils lui ont promis. Mais cet homme, vertueux jusques dans ses égaremens, averti qu'on travaille efficacement à la liberté des princes, renvoie les cent mille écus, & ne croit pas devoir prendre l'argent d'une puissance avec laquelle il voit que son engagement va finir. *Raguenet, histoire de Turenne.*

1650.

Malgré la licence que les guerres civiles de France ont introduite parmi les gens de guerre, Fabert contient dans la discipline la plus exacte les troupes qui font en garnison dans son gouvernement de Sédan; &, ce qui est plus difficile, celles qui ne font qu'y passer. Les Sédanois essaient à plusieurs reprises de lui faire recevoir quelques foibles marques de la reconnoissance qu'ils ont pour des soins si précieux: toutes leurs tentatives sont inutiles. Un voyage qu'il fait à la cour leur fait hasarder d'offrir à sa femme une belle tenture de tapisserie qu'ils ont fait venir de Flandre. Le présent est du goût de madame De Fabert; mais elle le refuse, pour ne pas déplaire à son mari.

Quelque temps après son retour, Fabert apprend que ce meuble est à vendre, & qu'on n'en trouve pas le prix qu'il a coûté. Fabert, qui ne veut pas être l'occasion d'une perte pour le magistrat, lui envoie l'argent qu'il a déboursé, & pour l'achat de la tapisserie, & pour les frais du transport. Deux jours après, il la fait vendre, & ordonne que le produit en soit employé aux fortifications. *Vie du maréchal Fabert.*

1650.

Un trait, rapporté par Puyfégur, peint admirablement le caractère du cardinal Mazarin. Voici les propres termes de l'historien :

« Un capitaine de la garnison de
» Nieuport promettoit de faire
» prendre la place par les troupes du
» roi de France, & de donner son
» père, sa mère, sa femme & quatre
» enfans qu'il avoit, pour ôtages. La
» facilité qu'il en donnoit, étoit qu'il
» y avoit longtemps qu'il étoit dans
» la place, qu'il en gardoit une porte, que son poste étoit fixe, & qu'il
» gardoit aussi un lieu où il y avoit
» treize pièces de canon dont les em-

» brasures étoient basses, & par les-
» quelles on pouvoit fort bien entrer.
» La chose fut reconnue, & l'on trou-
» va qu'on y pouvoit entrer facile-
» ment.

» M. le cardinal avoit promis de
» donner à cet homme deux cent
» mille livres qui étoient en dépôt en
» Hollande. Dans le commence-
» ment du mois d'août, que tout
» étoit prêt & bien disposé pour cette
» entreprise, ce capitaine vint trou-
» ver M. Destrade pour voir s'il lui
» donnoit cette somme, ou s'il la
» mettroit entre les mains d'une tier-
» ce personne ; que, pour lui, il lui
» meneroit son père, sa femme & ses
» enfans au lieu qu'on lui marque-
» roit. Il fut en Hollande ; & l'hom-
» me lui dit que M. le cardinal avoit
» retiré cent mille livres des deux
» cent. Il revint trouver M. Destra-
» de, & lui dit qu'il voyoit bien
» qu'on lui manquoit de parole, &
» qu'il ne vouloit plus tenir la pro-
» position qu'il avoit faite. M. Des-

» trade fit tout ce qu'il put pour l'o-
» bliger à prendre les cent mille li-
» vres, & l'affuroit que M. le cardi-
» nal lui bailleroit les autres, & dit
» même qu'il s'obligeroit à la fom-
» me qui reftoit à payer. L'homme
» ne le voulut pas accepter, & par
» ce moyen fe retira de cette affai-
» re. « *Mémoires de Puyfégur.*

1650.

LES partifans de la maifon de Stuart battent deux fois en Ecoffe les parlementaires d'Angleterre. Cromwel, que les malheurs de fes lieutenans rendent plus cher, plus refpectable, & plus néceffaire à la nouvelle republique, va prendre le commandement de l'armée. Il attaque les royaliftes à Dumbar. On lui annonce, durant la plus grande chaleur de l'action, que fon gendre Ireton eft bleffé, & que l'aîle droite à la tête de laquelle il combattoit eft mife dans un grand défordre. *Nous n'aurions pas de gloire à vaincre l'ennemi, s'il ne nous* résistoit point en quelque endroit, répond-il sans s'émouvoir. En même-temps il vole au secours des siens qu'il trouve totalement défaits. Sa présence rétablit tout. On se croit invincible dès qu'on le voit, & on le devient. Sa victoire est si entière, qu'elle assure pour toujours la tranquillité de son administration. *Vie de Cromwel.*

1652.

LE grand Condé, aigri par l'affront qu'on lui a fait en l'arrêtant, recommence la guerre civile. Il marche à Gien, petite ville sur la Loire, où est la cour qu'il s'est proposé d'enlever. Son espérance est de beaucoup augmentée lorsqu'il a battu & dissipé les troupes du maréchal D'Hocquincourt. Malheureusement pour le vainqueur, Turenne, qui partage avec le général négligent & battu le commandement de l'armée royale, prend une résolution sage & hardie, qui rend inutiles les premiers succès, qui force même le prince à porter ailleurs le théâtre de la guerre.

Cette journée est trop importante pour que Mazarin n'en fasse pas publier une relation. Elle commence par le conseil que Turenne avoit donné la veille à D'Hocquincourt de rapprocher ses quartiers. Turenne exige la suppression de cet article, comme trop mortifiant pour un homme de courage qui, n'ayant pas la même délicatesse, ose répandre que le vicomte n'est pas venu assez tôt à son secours. Turenne se contente de répondre *qu'un homme aussi affligé que le maréchal D'Hoquincourt doit avoir au moins la liberté de se plaindre.* Ramsay, histoire de Turenne.

1652.

L'HISTOIRE a beaucoup parlé du terrible combat que le grand Condé, à la tête des mécontens, soutint dans le fauxbourg S. Antoine, contre les troupes royales commandées par

Turenne. Il est singulier que la particularité la plus remarquable de cette mémorable journée ait été oubliée ?

Les mécontens, fatigués d'une action très-vive, très-opiniâtre, très-sanglante, & ne pouvant plus balancer des forces trop supérieures, lâchent pied, sans qu'il soit possible ni de les rallier, ni de leur faire tourner le visage. Condé prend le parti de monter à cheval, de gagner la tête des siens qui s'enfuient en confusion dans la grande rue, & de marcher ainsi avec eux, comme s'il prenoit réellement le même parti. Lorsque, d'un pas grave & à la tête de ses soldats qui se forment peu à peu, le prince est arrivé vers les halles, il tourne tout d'un coup. Ceux qui le suivent tournent comme lui par une conversion à droite; de sorte que, par ce mouvement, cette masse d'infanterie se trouve tout d'un coup en face & à la vue de l'ennemi victorieux, qui est fort étonné de se voir chargé, lorſqu'il croit la journée finie. Condé croyoit devoir principalement ſon ſalut à cette belle manœuvre, ainſi qu'il l'a dit pluſieurs fois à Caderouſſe, de qui Folard le tenoit. *Folard, commentaire ſur Polybe.*

1652.

LA régente de France, Anne d'Autriche, voulant pourvoir à la ſureté des places de la Meuſe, le marquis De Noirmoutier lui conſeille de charger de leur conſervation le gouverneur de Sédan. Ce parti lui paroiſſant ſage, elle écrit à Fabert que, de l'avis de Noirmoutier, elle lui donne l'inſpection de toutes les villes ſituées ſur la Meuſe.

Cette clauſe, de l'avis de Noirmoutier, deplaît à Fabert. Il renvoie la lettre à Le Tellier ſecrétaire d'état, l'aſſurant » qu'il eſt très-obligé à M. » De Noirmoutier de l'avoir re- » commandé au roi; mais qu'il ne peut » pas, ſans déplaiſir & ſans honte, voir, » dans la lettre qu'on lui a envoyée,

» que le pouvoir dont on l'honore » lui est donné pour une autre considération que pour celle des services qu'on peut tirer de lui. « *Vie du maréchal Fabert.*

1654.

Le grand Condé, avec les Espagnols dont il a embrassé les intérêts, forme le siège d'Arras. Turenne, La Ferté & D'Hocquincourt, qui ont une longue & pénible marche à faire pour secourir cette place, laissent tous les bagages de l'armée sous la conduite de Siron, avec des forces suffisantes pour leur sureté. Lorsque ce lieutenant-général est à la vue du camp & dans une grande plaine fort découverte, il croit sa mission finie, & prend le devant avec la tête de l'escorte pour aller rendre compte de ses succès aux généraux.

Luxembourg, qui, comme Condé, porte l'écharpe Espagnole, & qui est en embuscade avec un corps de cavalerie, témoin de cette négligence, se porte, avec une diligence incroyable, à la tête de la colomne des équipages ; en détourne la marche, qu'il fait diriger sur Saint-Paul, où il conduit tous les bagages de l'armée Françoise, tandis que Siron assure qu'ils entrent actuellement dans le camp. *Mémoires de Feuquières.*

Tandis qu'on fait des dispositions pour attaquer les retranchemens des Espagnols, La Ferté trouve hors du camp un garde de M. De Turenne, lui demande brusquement pourquoi il est sorti des lignes ; &, sans attendre de réponse, le bat avec beaucoup d'emportement. *Il faut*, dit le vicomte à son garde, qui se présente à lui tout en sang ; *il faut que vous ayez étrangement manqué à votre devoir, pour avoir obligé M. le maréchal à vous traiter de la sorte.* Sur cela, sans vouloir rien écouter, il renvoie ce malheureux par le lieutenant de ses gardes, qu'il charge de dire à La Ferté, son collègue dans le commandement, qu'il lui fait excufe de ce que cet homme lui a manqué de refpect, & qu'il le remet entre fes mains pour en faire telle punition qu'il lui plaira. La Ferté eft fi étonné d'un procédé fi noble, que, quoique jaloux & ennemi de Turenne, il s'écrie : *Cet homme fera-t-il toujours fage, & moi toujours fou ?* Ramfay, hiftoire de Turenne.

Turenne, arrivé pour fecourir Arras, veut reconnoître lui-même les retranchemens de l'armée Efpagnole. Il eft généralement blâmé de cette témérité apparente. La liberté qu'on a de s'expliquer avec lui, fait qu'on ofe lui dire qu'en s'approchant fi fort, il a expofé la cavalerie qu'il avoit avec lui à une défaite entière, parce que les afliégeans pouvoient aifément fortir de leurs lignes & l'envelopper.

» Ils le pouvoient fans doute, ré-
» pond Turenne ; & je n'aurois ja-
» mais hafardé cette démarche du

» côté du prince De Condé. La connoiſſance que j'ai du phlègme Eſpagnol, m'a fait ſentir que je ne courois nul riſque. J'étois ſûr qu'à mon approche, Fernando De Solis n'entreprendroit rien de ſon chef ; qu'il demanderoit les ordres de Fuenſaldagne, qui voudroit avoir ceux de l'archiduc, lequel feroit appeller Condé, pour délibérer ſur ce qu'il y avoit à faire. Pendant toutes ces conſultations, j'avois le temps de faire toutes mes obſervations, ſans autre danger que celui du canon. «

On ſçut, après que les lignes eurent été forcées, que tout s'étoit paſſé comme l'habile général l'avoit conjecturé ; & que le conſeil, retardé par ces formalités, ne s'étoit déterminé à attaquer que quand il n'étoit plus temps. *Mémoires du duc D'Yorck.*

Le quartier des Eſpagnols ayant été forcé par Turenne, Condé repouſſe D'Hocquincourt & La Ferté, tient en échec Turenne même; &, quoiqu'abandonné par l'archiduc, conduit l'armée à Douai par la plus belle retraite qui eût été faite. Le roi d'Espagne a raison de lui écrire : *Mon cousin, j'ai appris que tout étoit perdu, & que votre altesse a tout sauvé.* Banage, annales des Provinces-Unies.

Le marquis, depuis maréchal D'Humières, introduit dans le camp François, durant le siège d'Arras, la même propreté, la même abondance, la même délicatesse qui règnent dans les cours les plus voluptueuses & les plus magnifiques. Il est le premier qui porte sa vaisselle d'argent à l'armée, qui s'avise d'y donner de l'entremets & un fruit régulier. Ce ton est contagieux, & il infeste bientôt toute l'Europe. Tous ceux qui aiment que le genre de vie qu'on mène soit assorti à l'état qu'on a embrassé, sont véritablement indignés d'une révolution si funeste. *Mémoires de Gourville.*

Le maréchal De la Ferté, lorsque son âge & ses infirmités l'eurent mis hors d'état de servir, faisoit préparer les équipages de son fils. Parmi les mémoires qu'on lui présente, celui du maître-d'hôtel se trouve chargé de truffes, de morilles, & d'autres choses nécessaires pour une chère délicate. Le vieux guerrier, révolté d'une mollesse si déplacée, rejette le mémoire avec indignation. *Ce n'est pas ainsi que nous avons fait la guerre*, dit-il très-sensément. *De la grosse viande apprêtée très-simplement, c'étoient là tous nos ragoûts. Dites à mon fils que je ne veux entrer pour rien dans une dépense aussi folle & aussi indigne d'un homme de guerre.* Rollin, traité des études.

1654.

Le prince De Conti commande l'armée Françoise destinée à agir contre la Catalogne. Bussi-Rabutin, qui sert sous lui, insulte un fort nommé la tour de Villars, dont la garnison inquiète les convois qui viennent au camp. Le gouverneur, Francisco Rodriguès, qui, comme tous les gens bornés, ne voit rien d'aussi grand que son poste, voyant qu'il faut se rendre, se lamente & crie de toute sa force : *Ah pauvre roi Philippe !* comme si le roi d'Espagne eût perdu la couronne en perdant la tour de Villars. *Mémoires de Bussi-Rabutin.*

1654.

UN corps assez considérable d'Ecossois, fidèles au sang des Stuarts, prennent les armes, & envoient Drumont à Paris pour inviter Charles II à venir se mettre à leur tête. Lorsqu'il a exposé le sujet de sa commission devant le prince & son petit conseil, Hyde lui demande *quelles commodités le roi trouvera parmi eux ? Elles ne peuvent pas être telles que nous le souhaiterions*, répond-il; *mais, autant qu'il dépendra de nous, le nécessaire ne lui manquera* pas. L'étonnement de Drumont est extrême lorsqu'il voit que le roi ne reprend pas son chancelier, & qu'il ne paroît occupé que de ses aises, pendant que des sujets malheureux hasardent leur vie pour le placer sur le trône.

Un homme d'esprit dit, à cette occasion, que *si Cromwel s'étoit avisé d'offrir à Charles de bonnes pensions pour la couronne, le marché se seroit conclu sans de grandes difficultés.* Mémoires de Burnet.

1654.

Les François s'étoient établis dans l'isle de la Tortue, près de Saint-Domingue. Les Espagnols, auxquels ce voisinage ne plaît pas, entreprennent de les en chasser. Les soldats, qui forment la garnison du fort qu'on y a bâti, montrent une foiblesse déshonorante. Un des plus lâches & des plus mutins ose faire, d'un air insolent, au gouverneur la proposition de se rendre. Fontenai lui brûle sur le champ la cervelle d'un coup de pistolet, en disant : *Traître, si j'en suis réduit là, tu n'en seras pas le témoin.* Histoire de Saint-Domingue.

1655.

Charles IV, duc de Lorraine, que la France avoit dépouillé de ses états, combat, pour les intérêts de l'Espagne, avec un corps considérable de troupes de son pays. Un de ses colonels attaque quelques François, les bat, & laisse pour mort sur la place leur commandant, le comte, depuis duc De la Feuillade. Il paroît avoir encore quelque mouvement à un parti Espagnol, que le hasard mène à l'endroit où s'est donné le combat, & on le transporte à Valenciennes. Sa blessure est à la tête, & si profonde, qu'on voit la cervelle. Il demande gaiement qu'on en enveloppe une partie dans du linge, & qu'elle soit envoyée au cardinal Mazarin, qui l'appelle ordinairement *homme sans cervelle*.

Le duc De Lorraine, inſtruit de cette aventure, qui fait du bruit, prétend que La Feuillade doit être ſon priſonnier, puiſque ce ſont les Lorrains qui l'ont battu. Les Eſpagnols ſoutiennent, au contraire, que ce François ayant été laiſſé comme mort ſur le champ de bataille, doit appartenir à ceux qui l'ont trouvé en état d'être ſecouru. L'affaire eſt fortement diſcutée par les gens de guerre, & décidée en faveur des Eſpagnols. *Mémoires de Bauveau.*

1655.

PENDANT que Turenne & La Ferté font le ſiège de Condé, Buſſi-Rabutin eſt chargé, avec ſept ou huit eſcadrons, d'eſcorter les fourrageurs. Il eſt attaqué, battu, & le régiment du roi perd ſes étendards dans l'action. Le grand Condé les obtient de don Franciſco De Pardo qui les a pris, les envoie à leur corps, pour que les fleurs de lys ne ſervent pas de trophée aux Eſpagnols, & les fait préſenter, de ſa part, à Louis XIV. Le jeune monarque refuſe de voir la lettre du prince. Il ordonne que les étendards lui ſoient renvoyés, & lui fait dire *qu'il eſt ſi rare de voir les Eſpagnols battre les François, qu'il ne faut pas, lorſque cela arrive, leur envier le plaiſir d'en garder les marques.* Mémoires de Monglat.

1656.

TURENNE & La Ferté aſſiègent Valenciennes. Condé, que les malheurs des guerres civiles de la France ont jetté dans le parti des Eſpagnols, & que la néceſſité y retient, attaque les lignes, les force, & prend La Ferté. Turenne, après avoir fait une des plus ſçavantes retraites dont l'hiſtoire ait conſervé le ſouvenir, ſe porte à Lens. Ses vivres lui venoient d'Arras; & Grandpré, depuis maréchal De Joyeuſe, étoit chargé de les efcorter. Le jeune colonel, qui eft amoureux, fe décharge de cette commiffion importante fur fon major qui eft attaqué, vainqueur, & amène heureufement fon convoi au camp.

La faute de Grandpré étoit capitale; elle pouvoit le perdre. Le général en fait la réflexion ; &, par une préfence d'efprit, qui eft l'expreffion de fon ame, il répare tout. *Le comte de Grandpré*, dit-il aux officiers qui l'entourent, *fera fâché contre moi à caufe d'une commiffion fecrette que je lui ai donnée, & qui l'a arrêté à Arras dans un temps où il auroit eu occafion de montrer fa valeur.*

Le colonel de retour apprend ce que fon général a dit, va fe jetter à fes pieds, & lui jure que rien, dans la fuite, ne fera capable de le détourner de fes devoirs. Il tint parole : l'activité, l'amour de la difcipline, l'attention la plus fuivie à tout ce qui étoit de fon état, caractérisèrent depuis cet officier. *Ramfay, hiftoire de Turenne.*

1656.

Il n'y a rien qui demande du génie, comme de concerter la manière de faire la guerre.

Gustave Adolphe, roi de Suède, faisant la guerre en Pologne avec une armée composée d'une bonne infanterie, mais de peu de cavalerie, ne la risqua point dans les vastes plaines de ce grand état; mais il s'arrêta dans la Prusse, où, ayant pris plusieurs places & s'y étant fortifié, il garda à la paix ce qu'il avoit conquis pendant la guerre.

Charles Gustave au contraire y ayant rallumé le feu en 1656, traverse le royaume d'un bout à l'autre, à la faveur des divisions; mais les divisions étant assoupies, & son armée se trouvant affoiblie, il perd tout ce qu'il avoit gagné. L'armée pesante des Suédois n'étoit pas propre à courir, ni l'armée légère des Polonois à combattre de pied ferme.
Mémoires de Montécuculli.

1657.

Le régiment des dragons du roi, un des premiers qu'il y ait eu en France, est créé en 1657. L'origine en est singulière. Le fameux Montécuculli, mécontent de l'empereur, traite avec la France, & s'engage à lever pour elle un régiment Allemand de dragons. Il en avoit formé quatre compagnies, lorsque les ministres Autrichiens parviennent à le regagner. Comme il est aussi vertueux que grand capitaine, il envoie à Louis XIV les compagnies qu'il a levées, & ce qui lui reste de l'argent qu'on lui a fait toucher. A ces quatre compagnies, on en ajoute d'autres composées de soldats choisis dans l'infanterie, & on en fait un régiment qui est donné à Péguilin, depuis duc De Lauzun. *Daniel, histoire de la milice françoise.*

1657.

" Turenne ayant assemblé au

» mois de mai, auprès d'Amiens,
» l'armée qu'il devoit commander,
» & faisant mine de vouloir attaquer
» une place maritime de ce côté là,
» s'avança jusqu'auprès d'Aire à un
» village appellé Calonne, d'où il
» détacha Castelnaut la Mauvissiere
» avec trente escadrons pour aller
» investir Cambray par-delà l'Es-
» caut; & lui, avec quarante, mar-
» cha en si grande diligence, que le
» lendemain il arriva deçà l'Escaut,
» devant la même ville, autour de
» laquelle il posta sa cavalerie, at-
» tendant son infanterie qui suivoit
» assez vîte. Cependant le prince
» De Condé, qui marchoit vers la ri-
» vière du Lys, apprenant, par le grand
» bruit du canon de Cambray, que
» nous étions devant, résolut de s'y
» avancer.

» Le maréchal avoit posté d'abord
» l'aîle droite de sa cavalerie sur une
» grande avenue: mais, deux heu-
» res après, ayant fait réflexion que le
» prince, qui sçavoit que le moindre
capitaine

ÉCOLE MILITAIRE. 337

» capitaine du monde feroit affez fin
» pour fe pofter en pareille rencon-
» tre fur un petit fentier, plutôt que
» fur un grand chemin, auroit affez
» bonne opinion de lui pour croire
» qu'il feroit autre chofe, changea de
» pofte, & vint prendre celui d'une
» petite avenue.

» Il eft vrai que, pour fon mal-
» heur, le prince jugea qu'il auroit
» fait la même réflexion; &, venant
» avec près de trois mille chevaux
» par le grand chemin, où il n'y avoit
» que des efcadrons clair-femés, en-
» tra dans Cambray. La grande efti-
» me que ce prince avoit du maré-
» chal, lui attira cette difgrace; & il
» eut mieux valu qu'il l'eût un peu
» moins eftimé en cette occafion. «
Mémoires de Buffy Rabutin.

1657.

TURENNE attaque Saint-Venant.
il fuffit, pour en faire lever le fiège,
de prendre un convoi, qui, efcorté
feulement par trois efcadrons, va de

Béthune à l'armée Françoife. Le fuccès eft facile & infaillible; mais la mauvaife police, introduite dans le camp Efpagnol, empêche même qu'on ne le tente.

Dom Juan D'Autriche qui commande l'armée, & le marquis De Caracenne qui eft chargé de la diriger, dorment tous les jours dans leur carroffe après le dîné, fuivant l'ufage de leur pays. Le convoi paffe pendant leur fommeil; & tel eft l'orgueil du cérémonial qu'ils font obferver, que perfonne ne veut prendre fur foi de les éveiller. Le prince De Ligne, qui eft à la tête de la cavalerie, n'ofe rien entreprendre, parce que, dans les principes alors établis en Efpagne, il s'expofe à avoir le cou coupé, même en réuffiffant, s'il attaque fans ordre; & que rien ne peut le fauver, s'il a le malheur de recevoir un échec. *Mémoires du duc D'Yorck.*

1658.

LA France ayant fait alliance avec

Cromwel, protecteur d'Angleterre, Turenne est chargé d'entreprendre, avec les troupes des deux nations, le siège de Dunkerque. Les Espagnols, qui veulent le faire lever, s'approchent des lignes. Comme ils n'ont encore ni leur artillerie, ni les autres choses nécessaires dans une action décisive, le général François se détermine à les attaquer. Il fait communiquer au chef des Anglois sa résolution, & veut l'instruire des motifs qui la lui ont fait prendre. *Je m'en rapporte bien au maréchal*, dit Lockart: *après la bataille, si j'en reviens, je m'informerai de ses raisons.* Mémoires de Bussy Rabutin.

Il s'en faut bien que, dans l'armée Espagnole, commandée par don Juan D'Autriche, on ait pour Condé les mêmes déférences. Tout s'y arrange autrement qu'il ne voudroit, & les dispositions y sont très-mauvaises. Il voit si bien le vice des mesures qu'on prend, qu'il ne peut s'empêcher de demander avec amertume au duc De Glocefter, s'il s'eft jamais trouvé à aucune bataille. Le jeune prince ayant répondu que non : *Dans une demie heure, vous verrez comment nous en perdrons une*, repart Condé. *Mémoires du duc D'Yorck.*

Cette prédiction d'un homme qui fçait bien ce qu'il dit, ne tarde pas à fe vérifier : les Efpagnols font complettement défaits. Turenne, toujours plus grand que fes fuccès, n'en eft pas moins modefte. Après une action fi glorieufe, il écrit fimplement à fa femme : *Les ennemis font venus à nous ; ils ont été battus : dieu en foit loué. J'ai un peu fatigué toute la journée ; je vous donne le bon foir & je vais me coucher.* Ramfay, hiftoire de Turenne.

La victoire des Dunes & la prife de Dunkerque ont un fi grand éclat, que Mazarin, premier miniftre de France, veut s'en attribuer la gloire. Pour y parvenir, il fait propofer à Turenne de lui écrire une lettre, dans laquelle il témoigne que c'eft le cardinal qui a conçu le dessein du siège, & dressé le plan de la bataille. Les plus grands établissemens doivent être le prix d'une complaisance si difficile.

Le vicomte répond, avec sa candeur ordinaire, que le cardinal Mazarin peut employer tous les moyens qu'il voudra pour convaincre l'Europe de sa capacité militaire; qu'il n'estime pas assez la gloire pour le démentir; mais qu'il lui est impossible d'autoriser une fausseté par sa signature. *Mémoires de Langlade.*

Mazarin a un autre chagrin. Le siège de Dunkerque avoit été entrepris avec la convention très-formelle que la place seroit livrée à l'Angleterre. Cromwel, averti que Turenne est chargé d'y mettre un gouverneur de sa nation, communique ses soupçons à l'ambassadeur de France, qui nie la chose. Le protecteur, irrité de cette mauvaise foi, tire de sa poche la copie de l'ordre que Mazarin a donné. *Je prétends,* lui dit-il, *que vous dépêchiez un courier au cardinal, pour lui faire sçavoir que je ne suis pas homme à être trompé ; & que si, une heure après la prise de Dunkerque, on n'en délivre pas les clefs au général Anglois, j'irai en personne demander les clefs des portes de Paris.* Basnage, Annales des Provinces-Unies.

1658.

TURENNE, après avoir pris Dunkerque, assiège Bergues. Le lendemain de l'ouverture de la tranchée, les Espagnols font une vigoureuse sortie. Louis XIV, qui est dans le camp, monte à cheval & s'avance pour voir quelle est l'occasion du grand feu qu'on entend. Bussy, qui en revient, la lui apprend, & ajoute que les assiégés ont été repoussés. Le jeune prince lui fait encore quelques questions, &, en lui parlant, avance toujours du côté de la place, d'où l'on continue à tirer. Quoiqu'il en soit si près que les bales le passent de beaucoup, il va toujours en avant, lorfque Du Pleffis-Praflin, qui étoit refté en arrière avec un gros de courtifans, arrive au galop, & demande, tout en colère, à Buffy où il mène le roi. Buffy lui répond que le roi eft le maître & qu'il mène les autres. *Mais vous voyez bien*, replique le maréchal, *que le roi s'avance trop. J'en demeure d'accord*, repart Buffy; *mais je ne l'en ai pas fait appercevoir, de peur que ma remontrance ne lui fît pas plaifir*. Alors le roi, s'adreffant à Du Pleffis, lui dit en fouriant: *Ne vous fâchez pas, monfieur le maréchal*. Il tourne bride, & revient fur fes pas. *Mémoires de Buffy Rabutin.*

1658.

LES Anglois, durant la brillante adminiftration de Cromwel, entreprennent de fe rendre maîtres de la Jamaïque. A peine y font-ils defcendus, que les Efpagnols leur abandonnent les côtes & fe retirent dans l'intérieur de l'ifle. Les conquérans, pour fe délivrer de l'inquiétude que leur caufent les vaincus, s'avifent de mettre à prix la tête des Efpagnols, & le font fçavoir aux boucaniers François, qui, accoutumés à pourfuivre les bêtes fauves dans les lieux les plus inacceffibles, leur paroiffent propres à fervir leur ambition & leur haine. Les boucaniers accourent en effet en foule à la Jamaïque, & font, en peu de temps, un fi grand carnage des Efpagnols, que le refte n'a d'autre parti à prendre que de compofer avec les Anglois & de leur abandonner l'ifle, qui fait, depuis ce temps-là, une partie très-précieufe des poffeffions Britanniques dans le nouveau monde. *Pufendorff.*

1658.

LES Suédois font avec fuccès au Dannemarck une guerre vive. Ils en ont conquis la meilleure partie, & font occupés au fiège de Copenhague. Ils comptent en venir à bout, s'ils peuvent se voir les maîtres de la forteresse de Rendsbourg, située vers les frontières par où le secours de terre peut venir aux assiégés. Comme la place est bonne, la garnison nombreuse & le commandant habile, il ne leur est pas possible de s'en emparer de force. Le duc de Holstein, qui est dans leurs intérêts, cherche à calmer leurs inquiétudes & à leur donner des suretés d'une autre manière.

Il fait offrir aux habitans de Rendsbourg de les prendre sous sa protection, de pourvoir à leur sureté par des troupes à lui qu'il leur donnera, & de leur obtenir la neutralité du roi de Suède, son gendre. Le père du gouverneur, qui est à son service, porte les propositions. *On auroit eu bien de la peine à me persuader*, lui dit son fils, *que vous eussiez été capable de me faire une proposition de cette espèce. Permettez-moi de vous dire que, si vous n'aviez pas été mon père, je n'aurois pas eu la patience de*

P vj

vous écouter si longtemps : & que sans cette considération, je vous aurois fait mettre dans un cachot pour vous punir de cette insolence.

Soit que le père soit touché de la générosité de son fils, soit qu'ayant honte de la démarche qu'il vient de faire, il songe à la réparer : *Mon fils*, dit-il, *je vous ai parlé jusqu'à présent comme sujet du duc ; mais, comme votre père, je vous déclare que, si vous eussiez eu la foiblesse de marquer la moindre inclination à rendre la forteresse qui vous a été confiée, j'aurois été le premier à vous traiter de rebèle & à vous déclarer indigne de mon sang.* Mémoires de Dannemarck.

1659.

Les diversions, faites à propos, sont un des plus grands moyens dont on puisse faire usage à la guerre. Il y en a peu, dans les temps modernes, de plus célèbres que celle dont je vais parler.

Les Impériaux sont dans le Jutland, où ils font tous leurs efforts pour passer dans la Fionie ; isle du Dannemark que les Suédois ont conquise & dont il faut les chasser. Cette expédition, tentée à diverses reprises avec beaucoup d'audace & de constance, a toujours échoué. Montécuculli, voyant les esprits abbattus & rebutés, dit que le moyen de s'approcher de la Fionie est de s'en éloigner, que la voie la plus courte est de faire un circuit de cinquante lieues, & que la porte pour y entrer doit être la Poméranie.

Cette ouverture trouve une approbation générale. On se porte rapidement jusques sous le canon de Stralsund : rien ne résiste. L'éclat de ce foudre tire tout d'un coup Wrangel de la Fionie. Il marche avec précipitation au secours d'une des plus belles conquêtes du grand Gustave. Mais ses forces, divisées par cette résolution, ne suffisent ni pour défendre la Poméranie ni pour gar-

P vj

der la Fionie. Les troupes que ce général laisse dans l'isle sont obligées de se rendre à discrétion ; &, si la paix avoit un peu plus tardé à se faire, la Poméranie eût été également perdue. *Mémoires de Montécuculli.*

1659.

Depuis que les Portugais avoient secoué, en 1640, la domination de l'Espagne ; la guerre s'étoit faite sans éclat & sans avantage marqué entre les deux nations. La première action qui fait du bruit en Europe est la victoire que le marquis De Marialve remporte à Elvas sur les Castillans. Dans l'ivresse de ce grand succès, il assemble tous les prisonniers qu'il vient de faire, & leur tient ce langage :

» Votre défaite dépose, messieurs,
» contre la justice de vos préten-
» tions. Quelle que soit encore vo-
» tre conviction, il vous est libre
». de retourner dans votre patrie.

» Souvenez-vous seulement que,
» tout autant de fois que l'envie
» vous prendra de retourner en Por-
» tugal, vous serez battus & chas-
» sés. Adieu «.

Marialve, dans la lettre qu'il écrit à sa femme, soutient ce ton fanfaron. Il lui exagère l'importance & la grandeur de l'avantage qu'il vient de remporter, & l'assure qu'on n'en a pas eu d'aussi décisif contre les Espagnols depuis la fondation de la monarchie. La marquise, qui est naturellement très-fière, se contente d'écrire à son mari, pour toute réponse : *Si vous en eussiez moins fait, je ne vous aurois jamais vu.* Mémoires de D'Ablancourt.

1659.

Le traité des Pirénées met fin à la guerre sanglante qui duroit depuis si longtemps entre l'Espagne & la France. Les deux rois de ces grandes monarchies se voient dans l'isle des Faisans, & se présentent mutuellement les gens considérables de leur cour. Comme Turenne, toujours modeste, ne se montre pas & est confondu dans la foule, Philippe demande à le voir. Il le regarde avec attention ; & , se tournant vers Anne d'Autriche sa sœur *Voilà, lui dit-il, un homme qui m'a fait passer bien de mauvaises nuits.* Ramsay, histoire de Turenne.

1660.

LES Espagnols, ayant fait leur paix avec la France, réunissent tous leurs efforts contre le Portugal. Les officiers & les généraux de l'armée Portugaise sont si effrayés du nombre des troupes qu'ils ont à combattre, qu'ils envoient leur vaisselle d'argent & tous leurs effets de quelque valeur dans des villes fortes. Le comte de Schomberg, parti de France pour aller prendre en Portugal la conduite de cette guerre, croit devoir affermir le courage du soldat par quelque chose d'extraordinaire. Cette idée le détermine à faire piller tout ce que la peur & l'avarice ont cherché à mettre à couvert. Une action de cette nature change tout-à-fait l'esprit des troupes. *Mémoires de D'Ablancourt.*

1660.

Charles II, ayant été rétabli sur le trône, veut voir manœuvrer ces vieilles bandes qui avoient fait de si grandes choses sous Cromwel. Surpris de leur beauté, de leur ordre, de leur discipline, & sçachant que ce ne sera qu'avec des troupes règlées qu'il parviendra à assurer & à étendre son autorité, il paroît chercher un expédient pour les conserver. Le sage chancelier Clarendon lui fait craindre l'esprit de parti & de révolte de cette milice. On ne garde que mille chevaux & quatre mille hommes d'infanterie. C'est le premier exemple d'une armée habituelle que l'Angleterre ait eue sous la monarchie. *Hume, histoire de la maison Stuart.*

L'esprit de libertinage sous Charles & celui de bigoterie sous Jacques, son successeur, ruinent totalement cette admirable discipline. De l'aveu des gens éclairés & impartiaux, l'esprit militaire étoit tout-à-fait perdu en Angleterre, lorsque les François, chassés de leurs foyers par la révocation de l'édit de Nantes, y allèrent porter cet art & mille autres, qui ont fait la gloire de la patrie qu'ils adoptèrent & l'abbaissement de celle qu'ils avoient quittée. *Questions sur la tolérance.*

1660.

LES Turcs attaquent l'importante place de Varadin, défendue par les seuls Hongrois. L'empereur n'ose s'opposer ouvertement à cette entreprise, parce qu'il est fort foible & qu'il est gouverné par le prince De Portia, qui craint la guerre & qui représente que ce seroit contrevenir aux traités conclus avec la Porte.

Tekeli, dans le discours qu'il adressa aux Hongrois en 1686, assure que, quand Varadin eut été pris, Bortia dit à Léopold, *que ce n'étoit qu'une étable de cochons ;* ce furent ses termes. C'est ainsi que les ministres en imposent à des maîtres peu instruits. *Mémoires chronologiques pour l'histoire universelle de l'Europe.*

1661.

Il y a de grands mouvemens dans la Galice, dont une partie se révolte. Le comte De Schomberg propose à Castelmelhor, ministre tout puissant en Portugal, de s'emparer de cette possession Espagnole. Le ministre, qui est très-modéré parce qu'il est très-indolent, lui répond : *Si le Portugal, en l'état qu'il est, m'occupe nuit & jour, pourquoi cherchez-vous à m'accabler en l'augmentant d'une province ?* Mémoires de D'Ablancourt.

1662.

Les Hollandois avoient formé un établissement très-considérable dans l'isle Formose. Le Chinois Coxinga arme pour les en chasser, & prend, à la descente, Hambroeck leur ministre. Choisi entre les prisonniers pour aller au fort de Zélande déterminer les assiégés à capituler, il les exhorte à tenir ferme, & leur prouve qu'avec beaucoup de constance ils forceront l'ennemi à se retirer.

La garnison, qui ne doute pas que cet homme généreux, de retour au camp, ne soit massacré, fait les plus grands efforts pour le retenir. Ces instances sont tendrement appuyées par deux de ses filles qui sont dans la place. *J'ai promis*, dit-il, *d'aller reprendre mes fers; il faut dégager ma parole. Jamais on ne reprochera à ma mémoire que, pour mettre mes jours à couvert, j'ai appesanti le joug & peut-être causé la mort des compagnons de mon infortune.* Après ces mots énergiques, il reprend tranquillement le chemin du camp Chinois. *Basnage, annales des Provinces-Unies.*

1663.

DON JUAN D'AUTRICHE, fils naturel de Philippe IV, ayant fait ses préparatifs contre le Portugal, se croit si assuré de subjuguer cette foible puissance, qu'il fait afficher dans Madrid l'état de son armée & de tous ses moyens, qui sont immenses. Il trouve la punition de cette présomption à Estremos, où il est complettement battu.

On trouve dans sa cassette les placards imprimés dans Madrid au commencement de la campagne, où on voit une énumération exacte des troupes, de l'artillerie, des munitions de toute espèce, même des fers à cheval & des clous, qu'on avoit emportés pour la conquête du Portugal. La cour de Lisbonne fait écrire, par le secrétaire d'état, au bas de ces imprimés: *Tout ce que dessus nous certi-*

fions être véritable, l'ayant trouvé à la défaite de don Juan D'Autriche, proche d'Eſtremos, le huitième juin 1663. Cet état vérifié eſt, ſelon les apparences, envoyé à Madrid.

Comme ce ſuccès & tous ceux que les Portugais ont contre les Eſpagnols ſont l'ouvrage de Schomberg, les peuples l'adorent, quoiqu'il ne ſoit pas catholique. La paſſion qu'on a pour lui monte à tel point, que l'on habille comme lui les repréſentations des ſaints que l'on porte dans les proceſſions fréquentes qui amuſent l'oiſiveté de ce pays-là. Même après ſon départ, les eccléſiaſtiques, qui veulent abſolument réprimer cet abus, ſont obligés de défendre ſouvent *que perſonne ne continue à vêtir & à parer les ſaints & les ſaintes à la Schombergue.* Mémoires de D'Ablancourt.

1664.

LÉOPOLD étant engagé dans une guerre fort vive contre les Turcs,

Louis XIV lui envoie un secours de six mille hommes, qui contribue beaucoup à la victoire de Saint Godart que les Chrétiens remportent sur les Infidèles.

Quelques jours avant cette action mémorable & décisive, un assez gros détachement, composé de François & d'Allemands, avoit été battu. Le jeune Sillery, qui n'étoit encore qu'enseigne, y avoit été blessé dangereusement. Se voyant prêt à expirer, il appella quelqu'un des siens pour lui remettre son étendard, afin qu'il ne tombât pas entre les mains des Turcs. Nul ne s'étant présenté, il s'enveloppa & se roula dedans en mourant. *Pélisson, hist. de Louis XIV*.

Les Hongrois, accoutumés à ravager les provinces de l'empire Ottoman, continuent leurs courses pendant la trève qui a été la suite de la bataille de Saint-Godart. La cour de Vienne montre une grande indignation contre le comte Nicolas Sérin, qui autorise ouvertement ces brigandages. Ce seigneur, désespérant de retenir tout-à-fait les troupes qui dépendent de lui, se contente d'abord de leur défendre de lui apporter, suivant l'usage, les têtes de ceux qu'ils auroient massacrés. Le colonel Kisferens, le plus accrédité de ces partisans, lui obéit d'une manière singulière. Ayant rencontré une compagnie de Turcs & l'ayant défaite, il ne se charge, pour présenter à son général, que des parties de ces Infidèles qui distinguent les Turcs des Chrétiens. *Mémoires du comte Niklos.*

1664.

L'ELECTEUR de Mayence, Jean Philippe Schonbron, est en guerre avec la ville d'Erfurt, qui prétend à une espèce d'indépendance. Louis XIV accorde des troupes à ce prélat. Pradel qui les commande forme le siège de la place. Les habitans sommés de se rendre répondent qu'ils n'ont mérité, ni le traitement qu'ils reçoivent de l'électeur, ni la partialité que la France montre contre eux. Nous avons eu, ajoutent-ils, une ancienne alliance avec le grand Henri à qui nous prêtâmes dix mille florins, dans le temps qu'on lui disputoit avec le plus d'acharnement la couronne que votre maître porte aujourd'hui: Ils finissent par un mot digne de passer à la postérité : *Que, si les grands rois ont les mains longues, ils doivent aussi garder une longue mémoire des moindres services qu'on leur a rendus.* Pélisson, histoire de Louis XIV.

1667.

SCHOMBERG, qui commande toujours les Portugais continue d'avoir du succès contre l'Espagne. Dans une place qu'il prend d'assaut, on admire le sang froid d'un bourgeois Castillan. Cet homme bisarre, qui se promène dans le temps que tout est au pillage, sa maison en particulier, entend une vedette qui joue de la guitarre. Choqué du faux fon qu'elle donne, il la lui demande pour la mettre d'accord, & la lui rend en difant : *Agora fta templada ; jouez-en préfentement qu'elle eft accordée*. Il continue à fe promener tranquillement, plus fenfible à la mauvaife harmonie d'une guitarre qu'à la défolation de fa patrie & de fa famille. *Bafnage, annales des Provinces Unies.*

1667.

L'OPINION où l'on eft en France qu'une partie des Pays-Bas eft échue à Marie Thérèfe d'Autriche, par la mort du roi d'Efpagne fon frère, détermine Louis XIV à s'en emparer. Après s'être rendu maître de plufieurs places qui ne font point de réfiftance, il met le fiège devant Lille.

Le comte De Brouai, qui en eft le gouverneur, fait demander où eft le quartier du roi : *Il eft dans le camp entier*, répond le prince, *& on peu
tirer*

tirer par-tout. A cette politesse, le gouverneur en ajoute une autre, qui est d'envoyer tous les matins de la glace, parce qu'il a appris qu'on n'en a point. Louis dit un jour au gentilhomme qui la lui apporte : *Je suis bien obligé à monsieur De Brouai de sa glace ; mais, il devroit m'en envoyer un peu davantage.* Sire, repart l'Espagnol sans hésiter, *il croit que le siège sera long, & craint qu'elle ne vienne à manquer.* Il fait tout de suite une révérence & s'en va. Le duc De Charost, qui, comme capitaine des gardes est derrière le roi, crie à l'envoyé : *Dites à Brouai qu'il n'aille pas faire comme le commandant de Douai, qui s'est rendu comme un coquin.* Louis se retourne, & lui dit en riant: *Charost, êtes-vous fou ? Comment, sire ?* replique-t-il : *Brouai est mon cousin ?*

Une autre action de Charost dans la même occasion est très-remarquée. Un jour que Louis se tenoit à la tranchée, dans un lieu où le feu étoit très-vif, un soldat le prit rudement par le bras en lui difant: *Otez-vous, eſt-ce là votre place ?* Les courtifans, faififfant avec avidité cette ouverture, s'empreffent à vouloir lui perfuader de fe retirer. Il paroît pencher à fuivre des confeils fi timides, lorfque Charoft, s'approchant de fon oreille, lui dit à voix baſſe: *Sire, il eſt tiré, il faut le boire.* Le roi le croit, demeure dans la tranchée, & lui fçait tant de gré de cette fermeté que le même jour il rappelle le marquis de Charoft qui étoit exilé. *Mémoires de Choify.*

1668.

Les François attaquent la Franche-Comté au plus fort de l'hiver, & en font la conquête en moins de trois femaines. La cour d'Efpagne, étonnée & indignée du peu de réfiftance, écrit au gouverneur que *le roi de France auroit dû envoyer fes laquais prendre poſſeſſion de cette province, au lieu d'y aller lui-même.* Siècle de Louis XIV.

1669.

Les Vénitiens, qui depuis tant d'années soutenoient une guerre vive & opiniâtre contre les Turcs, demandèrent des secours à la France en 1660; on leur accorda un corps considérable. En arrivant dans la capitale qui étoit assiégée, il fit une sortie vigoureuse, poussa les Infidèles, entra dans leur camp, s'empara d'une partie du canon; &, croyant n'avoir rien à craindre, se débanda & se mit à piller.

Les Turcs, qui s'étoient retirés sur une hauteur, s'apperçurent bientôt de ce désordre. Trente d'entr'eux se détachèrent, & fondirent sur ceux de ces pillards qui étoient les plus avancés. Ceux-ci, aussi effrayés que s'ils eussent été attaqués par toute l'armée Ottomane, jettèrent les armes & le butin, & prirent la fuite en criant, *les Turcs, les Turcs.*

Il n'en fallut pas davantage pour

rendre l'allarme générale. Tous se mirent à fuir, sans qu'il fût possible de les arrêter. Les généraux, entraînés par la foule, furent obligés de fuir eux-mêmes. Il n'y eut jamais de déroute plus complette. Trente hommes en firent fuir six mille. Le massacre fut horrible ; & ceux qui échapp̄èrent revinrent à peine de leur frayeur, lorsqu'ils furent rentrés dans la place.

Ce fut à quoi aboutit cette première expédition des François en Candie. Les maladies les assaillirent si cruellement, qu'il fallut les envoyer à Paros, où, malgré le changement d'air, ils périrent la plupart. *Mémoires pour servir à l'histoire universelle de l'Europe.*

Neuf ans après, la France envoie en Candie un secours plus considérable. Le duc De Navailles, qui le commande, voulant signaler son entrée dans la capitale par quelque action d'éclat, fait résoudre une sortie qu'il exécute avec ses troupes,

Les commencemens de cette entreprise font très-brillans. On détruit les travaux des affiégeans, on encloue leur canon, on force leurs lignes. Les Turcs en défordre vont fe noyer dans la mer, ou fe réfugier dans des montagnes peu éloignées. Les François fe regardent déjà comme les libérateurs d'une ville attaquée depuis tant d'années. Malheureufement le caractère national leur arrache une victoire que le caractère national leur avoit donnée.

Un foldat, étant entré avec fa mèche allumée dans un magafin fouterrein, pratiqué au-deffous des batteries, y met le feu par mégarde. Les munitions embrafées, par ce funefte accident, font fauter le terrein avec toutes les troupes qui font deffus. Les François, dont l'imagination s'échauffe aifément, croient auffi tôt que tout eft miné fous leurs pieds, prennent l'épouvante & s'enfuient dans un défordre extrême. Ce découragement eft remarqué par les

Turcs, qui fondent auſſi tôt ſur les Chrétiens avec l'impétuoſité qui leur eſt naturelle, & en font un carnage horrible.

Les gens éclairés voient dès ce jour là que Candie eſt perdue ſans reſſource. Elle ſe rend en effet peu de temps après, avec la gloire d'avoir ſoutenu le ſiège le plus conſidérable dont l'hiſtoire moderne puiſſe tranſmettre le ſouvenir à la poſtérité. *Mémoires du duc De Navailles.*

1670.

PENDANT environ la moitié du dix-ſeptième ſiècle, l'Amérique Eſpagnole a été ravagée, pillée, inondée de ſang, par un petit nombre d'Anglois & de François connus ſous le nom de Flibuſtiers, du mot Anglois, *flibuſter*, qui ſignifie corſaire. C'étoient la plupart des brigands courageux, ſortis de leur pays pour des crimes horribles. Ils avoient trouvé un aſyle dans de petites iſles d'où ils ne ſortoient que pour piendre les gallions avec des barques mal armées, ou pour faire quelques irruptions dans les parties du continent qui offroient de grandes richesses à leur avidité. Quoique la mer ait été le théâtre ordinaire de leur extrême & presque romanesque audace, ils ont fait sur terre quelques entreprises qui entreront dans notre plan.

Morgan, né dans la principauté de Galles, fut le premier de ces hommes singuliers qui parvint à une grande célébrité. Presque pour son coup d'essai, il attaque & prend Porto-Bello, cette ville célèbre, l'entrepôt de toutes les richesses du Pérou destinées à passer en Europe. Les forts faisant difficulté de se rendre, les Flibustiers font appliquer les échelles avec lesquelles ils veulent les escalader par les femmes, les prêtres & les moines, s'assurant que la galanterie & la superstition Espagnoles empêcheront qu'on ne tire sur des objets si chers & si respectables.

La garnison est moins foible qu'on n'espéroit, & il en coûte beaucoup de sang pour la forcer.

Dès que les Flibustiers ont, suivant leur usage, mis les habitans & les soldats à la torture, pour les forcer à découvrir leurs trésors, ils s'embarquent avec leur immense butin, qui est fidèlement partagé, suivant l'accord très-singulier qu'ils ont fait entr'eux. Comme il leur sert dans toutes les occasions, on fera bien aise de le trouver ici.

Celui qui ôtera le pavillon ennemi d'une forteresse, pour y arborer le pavillon Anglois, aura, outre sa part, cinquante piastres.

Celui qui prendra un prisonnier, lorsqu'on voudra avoir des nouvelles de l'ennemi, aura, outre son lot, cent piastres.

Les grenadiers auront, pour chaque grenade qu'ils jetteront dans un fort, cinq piastres, outre leur part.

Celui qui aura perdu les deux jambes recevra quinze cent écus, ou quinze esclaves, s'il y en a, au choix de l'eſtropié.

Celui qui aura perdu les deux bras aura dix-huit cent piaſtres, ou dix-huit esclaves, au choix de l'eſtropié.

Celui qui aura perdu une jambe, ſans diſtinction de la droite ou de la gauche, aura cinq cent piaſtres, ou ſix esclaves.

Celui qui aura perdu une main, ou un bras, ſans diſtinction du droit ou du gauche, aura cinq cent piaſtres, ou ſix esclaves.

Pour la perte d'un œil, cent piaſtres, ou un esclave, au choix de l'eſtropié.

Pour la perte de deux yeux, deux mille piaſtres, ou vingt esclaves, au choix de l'eſtropié.

Pour la perte d'un doigt, cent piaſtres, ou un esclave, au choix de l'eſtropié.

En cas qu'une partie ou un membre ſoient eſtropiés de manière que la perſonne ne puiſſe pas s'en aider, el-

Q v

le recevra la même récompenfe que s'ils avoient été emportés.

En cas que quelqu'un foit bleffé de manière à être obligé de porter la canule, il aura cinq cent piaftres, ou cinq efclaves, à fon choix.

Toutes ces récompenfes doivent être prifes fur la totalité du butin, avant qu'on ne faffe aucun partage. *Hiftoire des Flibuftiers, par Olivier Oexmelin.*

Le fac de Porto-Bello encourage à une entreprife fur Panama. Pour la faire réuffir, on va chercher des guides dans l'ifle Sainte-Catherine, où les malfaiteurs des Indes Efpagnoles font confinés. Cette ifle eft fi bien fortifiée, qu'elle auroit dû arrêter dix ans entiers une armée dix fois plus confidérable que la petite troupe des Flibuftiers. Cependant, dès qu'ils paroiffent, le gouverneur envoie fecrettement pour fçavoir comment il pourroit fe rendre, fans que fon maître pût l'accufer de lâcheté. On s'arréte à l'expédient fuivant : Que Morgan infultera le fort S. Jérôme, fitué au bout du pont qui fépare la petite ifle de la grande ; que le commandant fortira de la citadelle pour aller au fecours du pont attaqué ; que les Flibuftiers viendront pendant ce temps là le prendre par derrière, & le feront prifonnier, ce qui entraînera la reddition de la place. On convient aufſi qu'on tirera avec beaucoup de vivacité de part & d'autre ; mais qu'on ne tuera perfonne.

Cette comédie eft admirablement jouée de part & d'autre. Les afſiégés, fans hafarder leurs jours, contentent leur nation & leur cour : & les afſiégeans fe trouvent avoir fait une conquête importante, qui ne leur a coûté ni fang, ni inquiétude, ni fatigues.

La ville de Panama, quoiqu'avertie à temps du péril qui la menace, ne fait pas même la démonftration de la réfiftance. Les Flibuftiers n'ont d'autre peine que de courir après les habitans qui fuient avec leurs meilleurs effets. Tous ceux qu'on peut joindre font mis à la torture avec une exactitude dont on peut juger par le trait suivant.

Un pauvre Espagnol, que le hasard fait entrer dans la maison de campagne d'un riche négociant, y trouve quelques hardes qu'on a laissées d'un côté & d'autre en se sauvant. Il lui vient dans l'esprit de prendre du linge & de s'habiller; ce qu'il fait, n'y trouvant ni obstacle ni inconvénient. Il venoit de finir cette espèce de toilette, lorsque des Flibustiers, qui l'apperçoivent, lui demandent où il a caché son argent. Ce malheureux a beau conter son histoire, & montrer les haillons qu'il vient de quitter; on lui donne la question: &, comme il ne confesse rien, on le livre aux nègres qui l'achèvent à coups de lance.

Au milieu de tant d'horreurs, le féroce Morgan devient amoureux. Comme son caractère n'est pas propre à infpirer des paffions, il veut faire violence à la belle Efpagnole qui a fait impreffion fur lui. *Arrête*, lui crie-t-elle, en s'arrachant d'entre fes bras, & en s'éloignant de lui avec précipitation, *arrête ; & ne penfe pas que tu puiffes me ravir l'honneur comme tu m'as ôté les biens & la liberté. Apprends que je fçais mourir, & que je me fens capable de porter les chofes à la dernière extrémité contre toi & contre moi-même.* A ces mots, elle tire de deffous fa robbe un poignard qu'elle lui auroit plongé dans le cœur, s'il n'avoit évité le coup. Morgan perd toute efpérance, & avec l'efpérance, fon amour. *Hiftoire des Flibuftiers.*

Un Flibuftier, qui eft feul à la chaffe dans l'ifle de S. Domingue, eft furpris par une troupe de cavalerie Efpagnole. La difficulté de gagner un bois affez éloigné avant qu'on arrive fur lui, lui infpire une réfolution hardie. Il court fur fes ennemis, en criant adacieufement, *A moi, à moi*, comme s'il avoit beaucoup de monde avec lui. Les Espagnols le croient, & prennent précipitamment la fuite. *Histoire des Flibustiers.*

Monbars, gentilhomme du Languedoc, lit dans son enfance l'histoire des conquêtes des Espagnols en Amérique. Le détail des cruautés qu'ils y ont exercées, fait sur lui une impression qui ne tarde pas à se manifester. Dans le collège où il étudie, on représente une tragédie. Il joue le rôle d'un François, & un de ses camarades celui d'un Espagnol qui vomit mille injures contre la France. Ce discours réveille toute l'aversion de Monbars contre une nation qui lui a paru si féroce. Il interrompt son compagnon, l'accable d'imprécations, le bat avec fureur, & l'auroit tué infailliblement, si on ne le lui eût arraché des mains. Il part ensuite pour aller joindre les Flibustiers, qu'on lui dit animés des sentimens qui remplissent son ame.

Le vaisseau qui le porte a un terrible combat à soutenir sur les côtes de Saint-Domingue. Les Boucaniers François, qui font dans l'isle une guerre aussi vive aux Espagnols que les Flibustiers sur mer, arrivent attirés par le bruit du canon, & présentent du gibier, pour lequel on leur donne de l'eau-de-vie. Ils s'excusent d'offrir si peu de viande, & disent que leurs ennemis ont depuis peu battu le pays, ravagé leurs établissemens, & tout emporté. *Comment souffrez-vous cela ?* dit brusquement Monbars. *Nous ne le souffrons pas non plus*, repliquent-ils du même ton ; *& les Espagnols sçavent bien qui nous sommes : aussi ont-ils pris le temps où nous étions à la chasse. Mais nous allons joindre plusieurs de nos camarades, qu'ils ont encore plus maltraités que nous : nous en viendrons alors plus aisément à bout. Si vous voulez*, reprend Monbars, qui ne demande que l'occasion de se signaler, *je marcherai à votre tête, non* *pour vous commander, mais pour m'exposer le premier.*

Les Boucaniers, voyant à son air que c'est un homme tel qu'il le leur faut, l'acceptent volontiers. On trouve le jour même les Espagnols, & Monbars fond sur eux avec une impétuosité qui étonne les plus intrépides. Un Boucanier, s'appercevant que les flèches des Indiens incommodent beaucoup son parti : *Quoi, leur crie-t-il en leur montrant Monbars, ne voyez-vous pas que dieu vous envoie un libérateur, qui combat pour vous délivrer de la tyrannie des Espagnols.* A ces mots, les Indiens, qui, en voyant les efforts extraordinaires de ce jeune homme, croient ce que le Boucanier leur dit, se mettent à ses côtés, & tournent leurs armes contre les Espagnols, qui sont tous massacrés.

Les Boucaniers, qui sont en train de vaincre, & les Indiens, qui ne respirent que la liberté, prient Monbars de vouloir profiter de fa victoire, pour aller ravager les habitations Espagnoles ; ce qui eſt tout-à-fait de ſon goût. Depuis ce temps-là, ceux qui l'ont vu dans l'action ne veulent plus ſe ſéparer de lui. *Hiſtoire des Flibuſtiers.*

Quatre Flibuſtiers célèbres, Grammont, Vand-Horn, Laurent & Michel, vont attaquer la Véra-Cruz, la ville la plus riche du nouveau monde. Ils ſe rendent une heure avant le jour ſous les murs de la place, y entrent à l'ouverture des portes, & s'emparent des principaux poſtes ſans beaucoup de réſiſtance.

Les Eſpagnols, éveillés au bruit des coups que tirent les Flibuſtiers, & des cris que jettent quelques habitans, imaginent qu'on donne une aubade à quelque notable bourgeois, dont c'eſt la fête. Ils demeurent tranquilles dans leurs lits, juſqu'à ce que l'heure de ſe lever ſoit venue. Alors ils apprennent que les Flibuſtiers ſont maîtres de la ville.

Tous les citoyens font enfermés dans les églifes, & on met à chaque porte autant de poudre qu'il en faut pour faire fauter l'édifice en cas d'allarme. Les maifons font enfuite mifes au pillage. Dès qu'on a porté fur les vaiffeaux l'or & l'argent qui ont été découverts, les prêtres Efpagnols, par ordre des Flibuftiers, montent en chaire. Ils n'ont pas beaucoup de peine à perfuader aux prifonniers qu'il faut racheter leur liberté & leur vie par le facrifice de leurs tréfors. Tout cela fait, les conquérans reprennent la route de la Jamaïque. Cette audacieufe & prefque incroyable expédition ne leur coûte pas un homme.

Il n'y a perfonne qui ne penfe que les immenfes dépouilles d'une ville, l'entrepôt de toutes les richeffes du Mexique, feront l'origine des fortunes les plus confidérables. C'eft une erreur. Six mois après leur conquête, les Flibuftiers fe trouvent auffi pauvres qu'ils l'étoient auparavant.

Quand on leur demande quel plaisir ils trouvent à dépenser en si peu de temps, & avec tant de profusion, ce qu'ils ont acquis avec tant de risque, ils répondent ingénuement : *Exposés comme nous sommes à une infinité de dangers, notre destinée est bien différente de celle des autres hommes. Aujourd'hui vivans, demain morts, que nous importe d'amasser ? Nous ne comptons que sur le jour que nous avons vécu, & jamais sur celui que nous avons à vivre. Notre soin est plutôt de passer la vie que d'épargner de quoi la conserver.* **Histoire des Flibustiers.**

Un corps de Flibustiers, composé d'Anglois & de François, passe de la mer du nord dans la mer du sud par la terre-ferme. Les aventuriers des deux nations, mécontens les uns des autres, se quittent, & font la guerre séparément. On ne sçauroit croire ce qu'ils causent de dommages sur toutes les côtes de la mer pacifique, dans l'espace de quatre ans que dure leur expédition. Qu'on juge, par le trait suivant, de la terreur qu'ils avoient inspirée.

Le Flibustier Lussan, après la prise de la riche ville de Quéaquille, mène une femme, jeune & noble, à l'endroit où sont les autres prisonniers.

Comme il la fait marcher devant lui, elle se tourne & lui dit, les larmes aux yeux : *Segnor, por l'amor de dios, no mi como.* Monsieur, pour l'amour de dieu, ne me mangez pas. Lussan lui ayant demandé qui lui a dit qu'ils mangent le monde : *Les moines*, répond-elle, *qui nous assurent en même-temps que vous n'avez pas la forme humaine, & que vous êtes faits comme des singes.*

Tandis que les Flibustiers attendent à Quéaquille les sommes immenses qu'ils ont exigées pour ne pas brûler la ville, un d'entre eux met le feu dans un quartier où il fait débauche. Cet accident leur fait craindre la perte de la rançon dont on est convenu. Ils feignent de croire que c'est une malice des Espagnols : & on écrit à leur chef, qui s'étoit retiré avec les troupes, qu'on est fort surpris de ce qu'après un accommodement si desiré, ils ont la mauvaise foi d'incendier des farines & des marchandises qui ne sont plus à eux. On ajoute qu'on se repend de n'avoir pas laissé consumer toute leur ville ; & que, s'ils ne paient pas tout ce qui a été brulé, on leur envoyera une cinquantaine de tetes de prisonniers. Les Espagnols font les excuses les plus soumises, assurent que le désordre qui est arrivé ne peut etre l'ouvrage que de la plus vile canaille, & qu'ils satisferont les vainqueurs sur tous les points.

Les Espagnols, toujours fugitifs devant les Flibustiers, se croient vengés, lorsqu'ils ont coupé par morceaux ou brûlé un corps mort de leurs ennemis. Aussi, dès que ces aventuriers sont partis d'un lieu où ils ont enterré quelqu'un des leurs, on le déterre, & on exerce sur ce cadavre les cruautés qu'on n'a pas pu lui faire éprouver pendant la vie. *Histoire des Flibustiers*.

« Dès que ces hommes, audacieux & féroces, ont pris plusieurs fois un même lieu, on l'excommunie, & on prononce malédiction sur lui. Alors ses habitans l'abandonnent pour toujours, & n'enterrent même pas ceux de leurs concitoyens qui ont été tués, parce qu'on les croit indignes de la sépulture, à cause des censures qui ont été lancées. »

Les Flibustiers François ayant formé la résolution d'aller attaquer Campêche, M. De Cussi, commandant pour Louis XIV à Saint-Domingue, va les trouver à l'isle à Vache, où est le lieu de l'assemblée, pour leur dire que leur dessein est contraire à la volonté du roi.

Le capitaine Grammont, qui a

du courage, de l'esprit & une sorte d'éloquence, lui répond : *Comment le roi sçauroit-il notre deſſein, pendant que la plupart de nos camarades l'ignorent, & que la réſolution n'eſt formée que depuis peu de jours?* Tous les Flibuſtiers applaudiſſent à une réponſe qui eſt ſi fort de leur goût. L'expédition a lieu, & réuſſit parfaitement. *Hiſtoire des Flibuſtiers.*

Fin du ſecond volume.

www.ingramcontent.com/pod-product-compliance
Lightning Source LLC
Chambersburg PA
CBHW070442170426
43201CB00010B/1186